Geneviève Jansen

Guten Tag ... und Tschüss

D1721540

Für meine liebe Tochter Nathalie

Ich bedanke mich ganz besonders bei
Marie Mertens und Heide Wirsing

An Euch, meine lieben Freunde!

Die Worte fehlen mir, um das Unmögliche auszudrücken. Sie haben zuviel Gewicht. Ich habe noch nicht die Kraft gefunden, ihre unerbittliche Realität zu akzeptieren. Es ist nicht der Horror, der sich uns aufdrängt, sondern viel schlimmer. Eine große, eine immense Not: Christophe, mein Sohn, ist krank. So lange er krank sein wird, wird er einer der unseren sein.

(Anfang meines Briefes Ende 2002)

Bibliografische Information der Deutschen Bibliothek
Die Deutsche Bibliothek verzeichnet diese Publikation in der
Deutschen Nationalbibliografie; detaillierte bibliografische Da-
ten sind im Internet über http://dnb.ddb.de abrufbar.

Herstellung: VAS, Wielandstr. 10,
                          60318 Frankfurt am Main
Umschlaggestaltung: Nathalie Jansen
Vertrieb: Südost Verlags Service GmbH,
                          Am Steinfeld 4,
                          94065 Waldkirchen

ISBN 978-3-8886

Geneviève Jansen

GUTEN TAG ... und TSCHÜSS

Vorwort

Neuroendokrine Tumoren sind eine gemischte Gruppe maligner Erkrankungen, deren Diagnostik, Einteilung und stadienabhänge Therapie eine besondere Herausforderung darstellt. Aufgrund der relativen Seltenheit und Heterogenität werden Patienten mit neuroendokrinen Tumoren im Idealfall in einem Zentrum bzw. bei einem Spezialisten behandelt. Die Diagnose eines metastasierten gering differenzierten neuroendokrinen Tumors stellt trotz großen Fortschritten der modernen Tumortherapie leider nach wie vor eine Situation dar, in der eine Heilung nur sehr selten möglich ist.

Das vorliegende Buch schildert eindrücklich die Erlebnisse einer Mutter, deren Sohn an einem aggressiven neuroendokrinen Tumor erkrankt und schließlich verstorben ist. Mit plastischer Sprache schildert die Autorin die Erlebnisse im Zusammenhang mit der Erkrankung Ihres Sohnes und die Versuche ein „normales" Familienleben so lange wie möglich aufrecht zu erhalten. In besonderer Weise werden die Bedürfnisse eines jungen Patienten mit einer tödlichen Tumorerkrankung aufgezeigt. Hierbei wird auch deutlich, dass ein hochtechnisiertes Medizinsystem wie das unsere diese Bedürfnisse nicht alle erfüllen kann.

Ich wünsche dem Buch „Guten Tag und Tschüss" eine weite Verbreitung und hoffe, dass es Betroffenen und deren Angehörigen eine Hilfe im Umgang mit einer aggressiven Tumorerkrankung bietet.

Dr. Jörg Trojan, Frankfurt am Main im September 2007

Mitglied des medizinisch-wissenschaftlichen Beirats der
„Carcinoid call-point gGmbH"

Prolog

Ich konnte nicht anfangen zu schreiben.

Wie sollte ich anfangen?

Sollte ich zuerst an ihn denken, was eher angenehm ist, oder mich erinnern, was Schmerzen mit sich bringt? Um nicht zu vergessen, für immer.

Schreiben, das ist Wiedererleben in Passivform. Ich mache Christophe in meinen Gedanken wieder lebendig und spüre seine Nähe wie damals, als ich noch etwas für ihn tun konnte.

Schreiben ist auch, das Geschehen im Gedächtnis zu gravieren. Es ist der Kampf um das kleinste Detail. Das ist immer Wiedererleben.

Schreiben bedeutet ebenso, teilzunehmen am Reichtum der freudigen und glücklichen Momente, die jedes Leben, auch ein elendes, birgt.

Man sagt, man vergisst nicht, aber ich empfinde, alles verschwindet. Alles verblasst. Man gewöhnt sich an seine Abwesenheit. Ganz langsam. „Normal" wird geantwortet. Das ist, was man Trauerarbeit nennt! Ich will aber nicht vergessen, ich will mich nicht gewöhnen. Ich will noch mit ihm leben. Er ist nicht mehr hier, doch nur sein Körper ist nicht mehr hier. In meinen Gedanken begleitet er mich. Er ist dabei, wenn wir uns mit Freunden treffen. Denn sie akzeptieren, dass wir über ihn reden. Nicht allzu viel sicherlich. Auf Freundschaft nehme ich Rücksicht.

Die Vorstellung, dass wir ihn nicht mehr auf dieser Welt sehen werden, ist unvorstellbar. Ich kann noch nicht wahrhaben, dass er uns endgültig verlassen hat. Es ist, als wenn er wiederkommen würde. Nicht morgen sicherlich. Aber er ist nicht weg. Es geht mir so ähnlich wie dem Kind, das noch an den Weihnachtsmann glauben will. Es war einfach zu schön.

Für mich war er zweifelsohne kein Weihnachtsmann. „Mein einziger Sohn". Dieser Ausdruck erzeugte in unserer Familie immer ein Schmunzeln: Wir haben zwei Kinder, einen „einzigen" Sohn und eine „einzige" Tochter. Das ist doch klar!

Erziehung ist nie einfach, und seine hat uns des Öfteren auf die Probe gestellt. Wie oft haben wir um seinen Werdegang gezittert, nachdem er uns mit vier Jahren klar gemacht hat, dass er kein „Mama Sohn" werden wolle. Hiermit zitiere ich ihn, als ich ihn fragte, warum er im Kindergarten an den Aktivitäten nicht teilnehme. Es wurde sein Lebensmotto, alles zu versuchen, alles durch eigene Erfahrung zu erlernen. Die von den Eltern gestellten Grenzen waren für ihn da, um sie zu überschreiten. Mit seiner Antwort „Nur so!" erklärte er seine Streiche.

Er hat das Leben in vollen Zügen gelebt und dabei hat er nicht auf Morgen gewartet, sondern die Glücksmomente genossen, die einem das Leben bereithält. Schnell denkend und aufgeschlossen hat er meisterhaft sein Leben geführt. Arbeitsam, war er, er zögerte nicht, sich an die Arbeit zu begeben. Oft genug, sogar bevor die Krankheit ausbrach, hatte ich ihn sagen hören: „Ich werde nichts vermissen, wenn... weil ich nichts verpasst habe. Alles, was ich liebe, mache ich."

Meine Absicht besteht nicht darin, eine traurige Geschichte zu erzählen, sondern die von Christophe, dessen Leben, auch wenn es früh zu Ende ging, sehr glücklich gewesen ist. Sein Verhalten hinterlässt eine Botschaft, die verbreitet werden sollte: Die Krankheit, wie schwer auch immer, unterbricht nicht das Leben. Sie wandelt das Leben um, bedroht es, macht es schwer und zerstört es vielleicht irgendwann, aber zunächst lebt der Kranke. Christophe hat nicht den Kopf fallen lassen vor der Maßlosigkeit der Aufgabe: Leben um zu kämpfen, kämpfen um zu leben. Das Lebensglück ist unabhängig von der Lebensdauer.

Er hat sein Leben zu nutzen gewusst, um allen, die er in seinem Herz trug, seine Verbundenheit auszudrücken. Das ist das Kostbarste, das er uns hinterlassen hat. Ein unvergesslicher Lebensbogen, reich an schönen, herzlichen und wunderbaren Momenten.

Im Laufe der Geschichte werde ich ihm die Gelegenheit geben, sich auszudrücken. Durch seine E-Mailauszüge bleibt uns eine Art Tagebuch, das Christophe, der Kommunikation überaus liebte, im Laufe dieser langen Monate der Isolierung geschrieben hat.

In meiner Erzählung wird die Krankheit so wenig wie möglich erwähnt, ebenso wie wir es 18 Monate lang versucht haben, dem Leben Platz zu lassen.

Er ist einfach zu früh gegangen.

Zu früh? Ja, weil er nicht das Glück gehabt hat, sein erwachsenes Leben zu erleben. Er ist bei uns geboren, er hat uns mit seinem Dasein geehrt, hat uns verlassen, um sein eigenes Leben zu führen, hat aber nicht die Zeit gehabt, seine Vorhaben zu realisieren. Er ist ins elterliche Haus zurückgekehrt, um zu gehen.

Zu früh? Nein, weil er uns so viel gegeben hat. Ich bin heute glücklich, dass ich an dem Lebensweg dieses außerordentlichen Menschen teilhaben durfte. Der Schmerz, einen Lieben zu verlieren, ist eng verbunden mit dem Gefühl des Glücks, ein Stück des Weges mit ihm gegangen zu sein. Kann man dieses Glück, das zugleich Quelle des Leids ist, in Frage stellen?

Es bleibt mein Glück, ihn gehabt zu haben. Ich hatte das Privileg, seine Mutter zu sein. Das ist mein ewiger Stolz gegenüber allen.

Kapitel 1

Rebell

Als Kleinkind ist Christophe schon ein schöner Junge, blond, sehr höflich, liebenswürdig und mit guten Manieren zum größten Stolz seiner Eltern. Körperlich ist er der Größte, aber nicht in seiner Reife. Während er in unserer Begleitung das perfekte Kind zu sein schien, so war er es nicht in Begleitung seiner Freunde.

Seine ersten Freundschaften reichen bis ins Kindergartenalter zurück. Von nun an denkt er nur daran, sich auszutoben, zum größten Entsetzen der Kindergärtnerinnen, die nur mit Mühe diese reizenden Männchen zu Vernunft bringen konnten. In der Schule bestätigt sich seine Lebensphilosophie: Sich austoben, koste es was es wolle! Christophe hat das Glück, sich gut mit seiner Lehrerin zu vertragen, die ihn in der Grundschule begleitet hat. Den Kopf voller verrückter Ideen zu haben, hindert ihn nicht, gute Schulergebnisse zu erreichen. Mit seinen Freunden tobt er sich weiter aus. Ihre Freundschaft festigt sich bei den Pfadfindern. Die Jahre vergehen und er kommt ins Gymnasium.

Unser Umzug nach Japan verlangt von ihm ein enormes Opfer. Er kann nicht hinnehmen, seine Freunde zu verlassen. In der für ihn aussichtslosen Situation manifestierte er seinen Protest in einem persönlichen Sabbatjahr. Er macht nichts mehr für die Schule, hat im Gegenzug aber viel Spaß. Er ist vierzehn Jahre alt und hat das Leben vor sich. Er glaubt, nichts zu verlieren, hat aber die Konsequenzen seiner Taten unterschätzt. Er bleibt sitzen und wiederholt das verpasste Schuljahr in Japan unter idyllischen Bedingungen: Die deutsche Schule bietet kleine Klassen mit nur 14 Schülern. „Man kann sich nicht mehr verstecken". Da er sich nicht mehr in der Masse eines zu großen Gymnasiums verloren fühlt, findet er seinen Weg wieder. Seine schulischen Leistungen beschränken sich zwar auf das Minimum, jedoch ist sein Engagement in der Schule beachtlich. Er arbeitet als Tontechniker und übernimmt die Verantwortung des Tonstudios der Schule. Endlich verwirklicht er sich. Er genießt, derjenige zu sein, der gebraucht wird und auf den man zählen kann.

Die Unabhängigkeit und Selbstständigkeit ist sein Ziel. Er hat ein unbändiges Bestreben, nicht über sich bestimmen zu lassen. Und er setzt alles ein, um dahin zu kommen. Mit allerlei Jobs verbessert er schon mit fünfzehn sein Taschengeld. Zuerst verteilt er Prospekte, was recht schwierig ist, wenn man in Japan lebt.

Einige Monate später ersetzt Babysitting das Verteilen der Prospekte. Eine tolle Erfahrung für ihn: Er sorgt für ein kleines Mädchen zwei Stunden, dreimal die Woche, bei uns daheim. „Es ist ganz schön schwierig, ein Kind zu erziehen", stellt er fest. Die ersten Kontakte mit diesem nur zwölf Monate alten Mädchen sind schwierig. Es weint viel und er ist ratlos. Und ich? Ich ziehe vor, zu verschwinden, um den beiden eine Chance zu lassen. Am Ende der ersten Stunde sind beide auf dem Boden, sie weinend, er fürsorglich. Einige Tage später ist ein großes Vertrauen entstanden und sie werden schöne Stunden zusammen verbringen.

Mit sechzehn versteht er, dass jeder für sich verantwortlich sein soll und dass Papa und Mama nicht immer da sein werden, um ihn zu unterstützen. Von da an harmonisiert sich das Leben innerhalb der Familie. Wir Eltern spüren, dass er seine Zukunft allein gestalten möchte. Er, der Eigensinnige, lehnt es ab, sich unterzuordnen und legt Wert darauf, seine eigenen Grenzen selber zu bestimmen: Ein starker und immer widerspenstiger Charakter.

Vier Jahre später in Deutschland trifft Christophe mit großer Freude seine unvergessenen Freunde wieder. Er hatte den Kontakt aufrechterhalten. In der Schule aber ist er einsam, denn sie waren nicht sitzen geblieben und ein Jahr weiter. Seine zwei letzten Jahre im Gymnasium ohne seine Freunde lassen ihm wenig schöne Erinnerungen. Mit einem Engagement in der Arbeitswelt gleicht er diesen schwierigen Umstand aus. Noch einmal! Der Reiz, sich das Taschengeld zu verbessern, ist sicherlich ein Argument gewesen, aber bestimmt nicht die einzige Motivation. Er fühlt sich richtig wohl. Seine Kontakte zu Chefs und Kollegen sind sehr herzlich. Er ist in seinem Element und immer bereit zu helfen, Initiativen zu ergreifen und Lösungen zu finden. Zunächst sind es kleine Jobs: Laufbursche in einem kleinen Betrieb, dann „Telefonmann" nach den offiziellen Arbeitszeiten und später gibt er sein Debüt in einer Diskothek. Er arbeitet zuerst als Lichtjockey um dann einige Jahre später die Verantwortung für Live-Auftritte zu übernehmen, „In gewissem Maße als rechte Hand des Chefs", wie er zu sagen pflegte.

Drei Monate vor seinem Abitur stellt er sich für eine Lehrstelle vor. Gegen unseren Rat entscheidet er, sich telefonisch zu bewerben. Er wird zu einem Bewerbungsgespräch eingeladen und anschließend beginnt das Warten auf eine Zusage.

Alles läuft bestens: Seine Jobs und sein Abitur. Seine Rebellion drückt sich allerdings dennoch in seiner Abiturnote aus! Obwohl er sich um die schlechteste Note seines Jahrgangs bemüht, wird er enttäuscht sein, denn er schafft es nicht... Er wird nicht der Schlechteste.

Immer freundlich und allzeit bereit – er war leidenschaftlicher Pfadfinder – alles erleben und nichts verpassen, gleichzeitig überall sein. Das war sein Motto. „Eher ein gutes und kurzes Leben, als ein besch... und langes Leben." So präsentiert er sich 1997 im Abi-Buch. Hatte er eine Vorahnung? So haben wir es nie gesehen. Im Rückblick jedoch kann man Vieles interpretieren, was in der Gegenwart nicht möglich ist. Aber trotzdem, warum hatte er immer diese Idee eines kurzen Lebens gehabt?

Die ersehnte Zusage für die Lehrstelle kommt. Bei dem Bewerbungsgespräch hatte er seine vier zukünftigen Kollegen überzeugt und wurde aus fünfundvierzig Kandidaten ausgewählt. Er wird also „Mediengestalter in Bild und Ton". Sein Traum! Er wird sich endlich seiner Leidenschaft hingeben können. Seit dem Alter von drei Jahren ist er von Klang, Aufnahme und Computer begeistert. Ich erinnere mich, dass er zur dieser Zeit mit Wonne Kinderlieder und Märchen anhörte. Da Schallplatten nicht so praktisch waren, haben wir uns einen Kassettenrecorder gekauft, mit dem er schneller als wir umgehen konnte. Ihm kam es darauf an, die Aufnahme seiner Lieblingssendungen immer wieder zu hören. Das waren seine Anfänge.

Im Sommer nach dem Abitur fährt er nicht in den Urlaub und stürzt sich in die Berufswelt. Endlich! Das Tonstudio, in dem er arbeitet, ist in einer wunderschönen alten Villa untergebracht. Schnell integriert er sich in das Team und ist stolz, als man ihm die Schlüssel des Hauses anvertraut. Er ist immer für seine Kollegen da und sie haben ihm ein Vielfaches zurückgegeben während dieser so schwierigen Zeit der Erkrankung.

Zweieinhalb Jahre nach seinem Abitur besteht er vorbildlich seine Prüfungen. Endlich verdient er seinen Unterhalt. Er ist autonom. Man könnte glauben, dass er nur darauf gewartet hat. Die Arbeit ist für ihn sein Leben. Er arbeitet nicht nur um sein Leben zu verdienen, sondern um seinen Traum zu verwirklichen.

Trotz seiner Lehrstelle gibt er sein Engagement in der Disco nicht auf. Im Gegenteil, er trifft mit seinem Arbeitgeber ein Arrangement, um diesen Job behalten zu können. Er ist glücklich, Tag und Nacht zu arbeiten. Wie er zu sagen pflegte: „Ich muss nicht zahlen, um in die Disco zu gehen, sondern ich werde bezahlt."

Die Arbeit ist für ihn sein Leben. Und doch, was die Krankheit ihm als erstes raubt, ist seine Autonomie, seinen Lebensinhalt.

Kapitel 2

Autonomie

Meine Befürchtungen bezüglich seines Werdegangs entkräftet er schnell. Im Gegensatz zu meinen Empfehlungen hat er nach seiner Lehre nie studieren wollen. Er tröstet mich: „Mutti, lass mich machen. Du wirst schon sehen, dass ich es schaffen werde." Meine Bedenken treten sehr schnell in den Hintergrund, als es so offensichtlich wird, wie glücklich dieser schöne, junge Mann ist. Alle Mütter finden ihre Kinder schön. Er ist aber einfach schön. Er ist 1,96m groß, schlank, elegant, vielleicht ein Hauch zu perfektionistisch, was mir aber nicht missfällt. Er legt Wert auf eine gepflegte Erscheinung und hat ein sicheres, offenes Auftreten. Er geht aufrecht mit festem Schritt. Er ist ehrgeizig, selbstbewusst ohne Arroganz. Bei so viel Stolz meinerseits werde ich an den asiatischen Gedanken erinnert, der jegliches Kompliment über das eigene Kind verbannt, um die bösen Geister fern zu halten. Heute können die bösen Geister ihm nichts mehr tun.

Sofort nach Beendigung seiner Lehre verlässt er das Familien-Nest. Er zieht in ein kleines Appartement unweit von zu Hause.

Da er immer soviel vorhatte, nahm er wenig Zeit für sich in Anspruch. Donnerstagabends, nach einem Arbeitstag im Studio, ging er schnell nach Hause, um sich frisch zu machen für seinen Discoabend. Früh morgens legte er sich hin und um 10 Uhr war er wieder am Arbeitsplatz für einen neuen Tag. Er legte Wert auf Pünktlichkeit und ohne zu zögern arbeitete er länger, wenn es erforderlich war. Am Wochenende wurde er für zwei oder drei Nächte ein Nachtmensch. Er mochte seinen Platz auf dieser Welt und hätte nie tauschen wollen. Es war eine Frage des Gleichgewichts zwischen all seinen Unternehmungen: die eine sollte die andere nicht einengen. So fühlte er sich wohl. So konnte er jeder Bitte nachkommen. So war er für jeden da: Für seine Freundin, seine Freunde, seine Kollegen, seine Familie. Er sagte nie „nein", er liebte es, gebraucht zu werden. Nur das war für ihn Leben. Wir alle wussten es und wir alle konnten mit ihm rechnen. Auf die Frage: „Ist es nicht zu viel? Bist du nicht müde? Hast du genug Zeit für dich?" zögerte er keine Sekunde zu antworten, dass dies seiner Auffassung vom einem glücklichen Leben entspräche.

Er mag es so sehr, sich mit anderen auszutauschen, und da er sowieso wenig Zeit hat, ist das Telefonieren für ihn unabdingbar. Was für ein Spaß, wenn es auch noch mit Technik verbunden ist! Das letzte Handymodel bringt ihn außer Rand und Band. Eher gestern als heute und vor allem bevor man es im Geschäft erwerben kann, kauft er es im Internet. Wie ein von seinem letzten Erwerb begeistertes Kind, ganz stolz, stellt er es seinen Freunden, seinen Kollegen und uns, seiner Familie, vor. Ich mag es. Das ist für mich der Zugang zu seiner Welt, der Welt der Technik, der Kommunikation, der Welt der Jugend.

Er veranlasst, dass ich mir ein Handy anschaffe und sein Vater auch! Nie darf ich mein Telefon vergessen, denn er ruft mich immer wieder an: „Du hast dein Telefon nicht vergessen, ich bin stolz auf dich!" Das macht mir sehr viel Freude. Kinder tragen zu unserer Weiterentwicklung bei, wenn wir es zulassen. Trotz seiner Jugend hatte er schon die Souveränität, Komplimente zu verteilen.

Heute vermisse ich seine Anrufe.

Das Telefon ist unsere fast tägliche Verbindung. Ich sehe ihn nur wenig, teile aber seine Lebensfreude. Es ist schon zwei Jahre her, dass er das Haus verlassen hat. Und nun... seit ein paar Monaten kommt Christophe öfters nach Hause. Mein Mutterherz springt vor Freude, wenn ich ihn sehe. Ist er nicht wunderbar, dieser junge, dynamische Mann, der vor mir steht? Er liebte es, sich so groß zu strecken, dass ich ihn nicht auf die Wange küssen konnte. Ich sehe noch dieses ironische Halblächeln, das kleine Grübchen an der Nase erscheinen ließ. Ich erinnere mich noch, als ich diese Grübchen zum ersten Mal sah. Er war nur einige Monate alt und ich liebte es, ihn zum Lachen zu bringen, um sie noch mal zu entdecken. Er lächelt sehr oft, lacht fröhlich laut, erzählt uns die neuesten Witze der „Kreativen", berichtet den letzten Tratsch, teilt mit uns sein intensives Leben. Und wir hören zu, genießen, lachen im Einklang mit ihm. Er ist selbstsicher, alles läuft so gut für ihn. Alle, Kollegen und Kunden, schätzen ihn. Er fühlt sich wohl in seiner Haut. Er ist glücklich.

Er kam wieder zurück. Als „Verlorenes Kind"? Nein, denn er ist nie wirklich gegangen. Ich dachte, dass er die Nabelschnur durchtrennt hätte und dass er aus freien Stücken zurückkäme. Armes Ich, die in dieser Rückkehr Reife interpretierte. Heute glaube ich, dass er irgendetwas spürte, ohne es nennen zu können. Er hatte seinen Rhythmus beibehalten, fühlte sich aber gezwungen langsamer zu machen. Immer offensichtlicher wurde sein Ruhebedürfnis.

Kapitel 3

Die ersten Symptome

Im Oktober 2002 verreisen wir, die Eltern, nach Asien. Telefonisch erfahren wir, dass er an sehr starken Rückenschmerzen leidet, und ich kann ihm nur einen Besuch bei einem uns bekannten Orthopäden empfehlen. Dieser kann aber das Übel nicht ahnen, welches die Wirbelsäule dieses unsportlichen Patienten angreift. Die Röntgenaufnahmen bringen die versteckte Bösartigkeit nicht ans Tageslicht: „Treiben Sie Sport!" ist der einzige Rat, begleitet von einer Empfehlung, beim Urologen eine vorsorgliche Untersuchung durchführen zu lassen. Dieser sieht nichts an den Nieren, sondern diagnostiziert auf einem Hoden eine Krampfader, die entfernt werden sollte. Da sich aber alles überschlägt, wird es gar nicht dazu kommen.

Erst viel später erfahren wir, was er alles versucht hat, um Erleichterung zu finden. Zu jung und unerfahren kann er noch nicht erkennen, wie abnorm die Reaktion seines Körpers ist. Er nimmt es als Gegeben hin. Er klagt nicht. Die Wärme des Heizkörpers und der Dusche sind seine einzige Hilfe. Er nimmt bis zu fünf Duschen pro Nacht, um seine Schmerzen zu lindern.

Ich kann nicht akzeptieren, dass hinter diesem Zustand nichts Ernsthafteres sein soll. Die Ärzte hatten nichts gefunden. Er ist doch nur sechsundzwanzig Jahre alt. Etwas an der Wirbelsäule? Man hört soviel über diese Erkrankungen. Die Röntgenaufnahmen zeigten keine Auffälligkeit. Christophe klagt immer noch nicht.

Ach ja, und dieses kleine Hüsteln, das beginnt ihn zu quälen. Trocken, ständig ist es da, bei jeder kleinsten körperlichen Belastung z.B. Treppen steigen. Unsagbar. Unerbittlich. Es ist da. Es nimmt zu. Immer öfter. „Eine Erkältung, Herr Doktor?" Arznei. Hustensaft. Und ein anderer Arzt, weil der Erste im Urlaub ist. Tabletten. Halsspray. Er sieht auch nichts und hört auch nichts mit dem Stethoskop. Andere Tabletten. Immer noch keine Verbesserung. Wieder ein anderer Arzt, ein Vertreter, denn mittwochnachmittags bleiben die Praxen geschlossen. Wir haben den 13. Dezember. Noch Einer, der nichts feststellt. Noch ein anderer Arzt. Christophe sucht denjenigen Arzt, der ihm zuhören wird, ihn verstehen wird, ihm glauben wird. Der fünfte Arzt ist der Richtige. Christophe fühlt sich endlich mal verstanden, angehört und wahrgenommen. Drei Wochen werden noch benötigt, bis die richtige Diagnose gestellt wird. Die richtige Diagnose erlaubt es endlich, Hilfe zu leisten, endlich hat man einen Namen für alle diese Symptome, die ihn angreifen: Diesen schmerzenden Rücken und dieses erschöpfende Hüsteln. Was für ein Leben! Christophe arbeitet immer noch. Fünf Duschen pro Nacht, tagsüber im Rahmen der Möglichkeiten Pausen mit dem Rücken an den Heizkörper gedrückt und das Leben geht weiter. Er hat Schmerzen, klagt aber nicht. Er klagt viel zu wenig. Ich habe oft gedacht, dass, wenn er von vornherein intensiver über seinen Schmerz geredet hätte, sich die Ärzte seiner mehr angenommen hätten. Nicht, dass sich irgendetwas an der Geschichte geändert hätte, doch wer weiß? Heute ist es nicht mehr wichtig. Es ist aber seine Art mit dem Leben fertig zu werden. So ist er. Diese Eigenschaft ist ihm ganz bestimmt zu Gute gekommen, um später nicht in Hoffnungslosigkeit zu verfallen. Er mag nicht über sich selber reden, über seine Gefühle sprechen. Er hält sich zurück.

Neben Schmerz und Hüsteln isst er immer weniger. Er hat keinen Hunger. Er ist glücklich drei Kilo verloren zu haben, denn er erinnert sich nur zu gut an sein jugendliches Übergewicht. Übelkeit und Erbrechen plagen ihn. Er denkt sich aber nichts dabei. „Das Leben geht weiter. Man muss!"

Kapitel 4

Der Zug

Weihnachten 2002. Feiertag. Familienfest. Die große Familie ist versammelt. Tag der trüben Freude. Ich spüre, dass etwas nicht in Ordnung ist. Ich weiß aber nicht was. Ich fürchte das Schlimmste ohne zu wissen was kommt. In der Tat denke ich an nichts Spezielles. Christophe will all diese Symptome nicht richtig wahrnehmen. Sie sind auch einzeln betrachtet nicht so beängstigend. Er fühlt sich noch nicht krank genug, um nicht allein zurecht zu kommen. Man gibt nicht so schnell eine so junge Unabhängigkeit auf, vor allem, wenn man sich Christophe J. nennt.

Der zweite Weihnachtstag fällt ihm schwer. Er akzeptiert jedoch, dass wenigstens seine Schwester ihn zum Krankenhaus in die Notaufnahme begleitet. Endlich wird etwas festgestellt, obwohl es uns keine weitere Hilfe bringt: Die Milz ist vergrößert. An der Lunge wird nichts festgestellt. Was ist mit diesem Hüsteln? Und diesen Schmerzen? Was bedeutet das alles? Wir haben von Medizin so wenig Ahnung. Aber die Ärzte, die...

Irgendwie sind wir verloren. Was sollen wir machen? Ist es etwas Schlimmes? Christophe weiß nur eins: Aushalten. Es gibt noch diesen Silvesterabend, für den er sich schon so sehr engagiert hat. Er nimmt ein paar Tage Urlaub. Er muss, er will es noch schaffen. „Ich muss!" Diesen Satz wird er später so oft wiederholen. Am Silvesterabend geht alles gut. Wie immer hält er sein Versprechen trotz all seiner Schwäche. Doch er ist höchst erschöpft. Eine weitere Etappe wartet auf ihn.

2. Januar: eine Blutuntersuchung ist angesagt. Wie eine Maschine begibt er sich zum Arzt, denn er lehnt immer noch jegli-

che Unterstützung ab. Die fünfhundert Meter, die er gehen muss, um nach Hause zu kommen, sind eine wahre Tortur. Wie ein Betrunkener muss er alle zehn Schritte anhalten auf der Suche nach einer Sitzmöglichkeit. Irgendwo, aber sitzen, er muss sitzen. Erschreckend! Er kann nicht mehr. Er wird krankgeschrieben.

Was soll ein Arzt denken, der mit einem über Husten klagenden jungen Patienten konfrontiert wird, obwohl das Stethoskop keine Anomalie verrät. Skepsis? Der Zusammenhang zwischen Husten – Schmerzen – Übelkeit – Erbrechen – Appetitlosigkeit – Gewichtverlust ist noch nicht erkannt.

Christophe sendet mir per Mail die alarmierenden Ergebnisse des Blutbildes, die für sich selbst sprechen. Die Lunge muss geröntgt werden. Dieses Mal mache ich nicht mehr mit, ich habe mich lange genug zurückgehalten. Ich bestehe darauf, ihn zu begleiten. Mein Wille entspricht aber nicht dem seinen. Sehr behutsam erkläre ich ihm, dass es sowieso besser sei, zu zweit zu sein, um die Äußerungen des Arztes zu hören, zu verstehen und wahrzunehmen. Da er immer noch nicht einverstanden ist, spreche ich von meiner Erfahrung als Mutter, als erfahrene Frau, die ihm vielleicht Hilfe bringen könnte. Wegen meiner großen Sorge um ihn lasse ich mich nicht davon abbringen. Ich bin erleichtert, als er akzeptiert, den Weg mit mir zu teilen. Ich halte es nicht mehr aus, mich so passiv zu verhalten.

Ich bin mittlerweile sehr besorgt, aber nicht übermäßig ängstlich. Seine Schwester, beunruhigt, erwähnt eine Krebserkrankung. Diese Vermutung erscheint mir unvorstellbar: Solange man keinen Tumor findet, gibt es keinen Grund, das Schlimmste zu befürchten. Der ganze Körper scheint in Mitleidenschaft gezogen zu sein. Es gibt aber keinen Tumor! Ich konnte nicht ahnen, dass das Schlimmste unseren Weg beenden würde.

6. Januar: Der Radiologe teilt uns mit, dass es „eine deutliche Veränderung der Bronchien" zu sehen gibt. Heute scheint

es mir mehr als paradox, aber wir fühlen uns als Sieger des Tages. Endlich hat man etwas in der Hand. Endlich werden seine Symptome ernst genommen. Endlich wird ihm geholfen.

Ein „malignes Lymphom" wird erwähnt. Zwei Jahre später erinnere ich mich gar nicht an diese Information. Wir haben es höchstwahrscheinlich verdrängt. Denn nichts ist eindeutig. Eine Computer-Tomographie (CT) muss dieses Ergebnis bestätigen. In Anbetracht der Schwere der Krankheit hilft der Arzt uns viel, indem er alle Termine für uns organisiert. Die CT wird am neunten Januar stattfinden.

Der Zug, der ihn gegen seinen Willen mitreißt, fährt zu schnell. Er weiß, wohin dieser Zug ihn bringt, ohne das Ziel jemals zu benennen. Er weiß aber nicht, wann und wo dieser Zug anhalten wird. Die Namen der verschiedenen Haltestellen sind noch unbekannt und die Endstation wird nicht erwähnt. Es war definitiv nicht der Zug des Glücks.

7. Januar: mein Geburtstag. Ein Fest, das wir immer zusammen feiern. Christophe will uns nicht ins Restaurant begleiten. Er kann es nicht. Er hat zu viele Schmerzen. Er hat keine Energie. Er kann nicht mehr essen. Wir alle vier versammeln uns in seiner kleinen Wohnung. Er sitzt auf dem Boden vor dem Heizkörper auf der Suche nach Erleichterung. Was sollen wir machen? Ihn in Ruhe lassen? Ich kann mich nicht dazu aufraffen, ihn allein zu lassen. Er ist so hilflos, so schwach. Außerdem kommt es für mich nicht in Frage, ohne ihn diesen Geburtstag zu feiern. Zum Schluss essen wir neben ihm auf dem Boden, was das Restaurant nebenan uns geliefert hat. Zwei Stunden später muss ich es hinnehmen, ohne ihn nach Hause zu fahren. Er will immer noch nicht seine Wohnung verlassen, sein Zuhause, seine Selbstständigkeit.

9. Januar: Der Befund der CT widerspricht den ersten Befürchtungen. Es ist kein Tumor! Er soll an einer Lungenkrankheit namens Sarcoidose erkrankt sein. Die Leber scheint befal-

len zu sein. Um es zu klären, muss eine Echographie gemacht werden.

14. Januar: Eine „MRT" Magnet-Resonanz-Tomographie bestätigt den Befund der Echographie. Mit dem Radiologen betrachten wir die Aufnahme der MRT auf der Lichttafel und sehen darauf nur eine Vielzahl von kleinen weißen Punkten. Von weit, von sehr weit her höre ich eine Stimme sagen, dass es lauter kleine Tumore sind. Tumore? Unfähig es zu verarbeiten, halten wir uns daran, die Bilder zu erkennen: Da ist die Leber, da die Nieren... Ach ja! Wir können nur den Inhalt der Nachricht nicht wahrhaben.

Wir gehen direkt zum Arzt.

Wir wussten noch nicht, dass dies der Anfang vom Ende war, oder nach Churchill „das Ende vom Anfang."

Kapitel 5

Lebensbruch

Der Arzt von Christophe beweist Größe, als er ihm sagt: „Ich muss zugeben, ich habe dich für einen Simulanten gehalten. Ein großer, junger Mann im besten Alter, der nicht arbeiten gehen will". Anhand der Aufnahme muss er uns beibringen: „Es handelt sich um eine viel schlimmere Krankheit!" Ich verstehe nicht ganz, was er meint mit „schlimmer als...". Er meint wahrscheinlich schlimmer als die zuerst diagnostizierte Sarcoidose? Für mich, erstarrt in der Gegenwart, ist es einfach schlimmer als eine Krankheit. Es spiegelt wieder, was ich heute beim Schreiben empfinde: „All diese kleinen Tumore überall sind bestimmt schon lange da", fügte der Arzt hinzu, „fast alle Organe sind befallen. Es ist klar, dass du kaum noch atmen konntest."

Auf diese Weise erfahren wir am 14. Januar 2003, dass Christophe an Krebs erkrankt ist.

Ein Krankenhausaufenthalt ist erforderlich. Christophe will nicht. Er kann noch nicht begreifen, was mit ihm los ist. Er will leben, weitermachen wie bisher, nicht aufhören. Der Arzt besteht darauf und wir verlassen ihn mit einem Krankenhaustermin früh morgens am darauf folgenden Tag.

Draußen weint er. Nicht lange, nur ein paar Tränen und sofort nimmt er sich wieder zusammen. Es muss weitergehen. Er hat nur zweimal geweint. Das war das erste Mal. Was für eine Verzweiflung! Es gibt keine Worte für solche Momente. Er, der Größere von uns beiden, nimmt mich in seine Arme; Mein kleiner Junge leidet so sehr. Ich würde so gern dieses negative Bild löschen.

Der Zug rast mit wahnsinniger Geschwindigkeit in den Abgrund der Krankheit, in den Abgrund der Machtlosigkeit. An einem einzigen Tag.

Wir gehen eingehängt miteinander. Wir drücken uns aneinander. Wir sind überfordert. Wir versuchen gerade zu laufen, uns nicht gehen zu lassen, um Respekt voreinander zu bewahren. Wir sind so niedergeschlagen, dass wir nicht mehr denken können. In solchen Momenten zählt die Zukunft nicht mehr. Dieses Mal will ich ihn nicht mehr allein in seiner Wohnung lassen. Und er beugt sich. Wir gehen zuerst zu ihm nach Hause, wo er ein paar Stunden verbringen will, um diese Nachricht zu „verdauen", wie er sagt. Sein Vater kommt zu uns.

In dieser Wohnung, die er zwei Jahre zuvor bezogen hatte, steckt seine ganze Liebe. Das ist ein Paradies der Technik. Überall kleine ferngesteuerte Lämpchen, von oben bis unten nur Elektronik. Eine Spiegelkugel im Badezimmer, Boxen in jeder Ecke, alles ist ferngesteuert, alles ist elektrisch, elektronisch, technisch. Er hatte einen guten Geschmack und legte viel Wert auf die Qualität seiner Errungenschaften. Es ist seine Höhle, sein Unterschlupf, ein Sinnbild seiner Selbstständigkeit.

Ich packe einen kleinen Koffer für seinen Krankenhausaufenthalt. Wir verlassen diese Wohnung, die er nicht wieder sehen wird. Das ahnen wir aber noch nicht.

Von da an ist nichts mehr wie vorher. Ich werde wieder Mutter, die Mutter dieses jungen Mannes, der mich braucht. Er aber wird nicht wieder Kind, das sich von der Mutter schützen lässt. Er will seine Freiheit behalten. In der sozialen Komplexität dieser schweren Erkrankung müssen wir unsere Rollen revidieren. Diese Diskrepanz aufzuheben wird uns noch näher verbinden. Ich werde lernen wachsam zu sein, aber auch seine ablehnende Haltung zu akzeptieren. Er möchte trotz allem nicht wieder ein Leben im Elternhaus führen. Dennoch zeigt sich, dass er wieder bei uns leben muss, aber diesmal nach seinen Vorstellungen und seinem Rhythmus. Er möchte seine Freiheit wahren. Wir verstehen uns.

Kapitel 6

Höllenfahrt

Im Krankenhaus geht alles viel zu schnell. Wir haben Mittwoch, den 15. Januar. Jeder Tag bringt seine schlechten Nachrichten. Wann wird dieser Zug anhalten? Wo ist der nächste Bahnhof? Die Untersuchungen nehmen kein Ende. Vier Tage nach seiner Einweisung verbringt er das Wochenende zu Hause. Schmerzen quälen ihn so sehr, dass er sich zu Hause, weit weg von den Ärzten, nicht gut aufgehoben fühlt. Sein seit Kindergartentagen bester Freund hat nicht gezögert, sich ins Flugzeug zu setzen, um aus München zu kommen ihn zu unterstützen. Christophe verbringt das Wochenende auf einem für ihn im Wohnzimmer eingerichteten Sofa. Es sind zwei qualvolle Tage.

Im Krankenhaus, eine erste Spritze, eine erste Kanüle. Jedes dieser ersten Male ist eine Stufe auf der Höllenfahrt. Die Hölle scheint unendlich tief! Es geht ihm immer schlechter. Er leidet sehr: Nicht nur sein Rücken, aber auch seine Schulter und seine Hüfte schmerzen sehr. Er kann sich kaum noch bewegen. Man kann ihn nicht mehr anfassen, so sehr schmerzt ihm sein Körper. Wir wissen immer noch nichts, aber ahnen schon die Ernsthaftigkeit der Krankheit: Die Metastasen sind überall im Körper verstreut. Sowohl die Knochen, als auch die Organe sind stark befallen. Er isst fast nichts mehr.

Und als ob es noch nicht genug wäre bekommt er Fieber. In seiner Lage ist eine solch banale Infektion alarmierend.

Zwölf Tage nach seiner Einweisung soll eine Biopsie die Diagnose stützen. Nach dem Eingriff geht es ihm sehr schlecht. Die Drainage ist für ihn beängstigend. Niemand erklärt uns ihre Notwendigkeit. Schweigen der Ärzte! Er kann weder trinken, noch essen, spricht nicht mehr, verschließt sich, atmet nur mit Mühe. „Normalerweise macht dieser Eingriff nicht so viele Komplikationen", sagt mir der Arzt, der nicht versteht, warum Christophe sich so schlecht fühlt.

Im Nachhinein ist die Interpretation seines Verhaltens einfacher. Da er vor dieser überwältigenden Flut von Belastungen, die so viele unterschiedliche Formen aufwiesen, nicht standhalten konnte, verschloss er sich. Ohne Kraft, ohne Hoffnung, ohne Zukunft war er überfordert. Er konnte nur ahnen, dass etwas Schlimmes seinen Körper angriff. Er war nicht in der Lage wieder nach vorne zu schauen. Er hatte Angst. Sehr viel Angst. Jeden Tag eine neue Nachricht und jeden Tag war die Diagnose noch schlechter, als die des Tags zuvor. Wir konnten uns auf nichts einstellen. Wir mussten nur weitergehen, von neuem uns Tag für Tag an die Situationen anpassen. Aushalten. Unsere Befürchtung, unsere Besorgnis vergessen, unsere Emotionen nicht wahrnehmen, um für den nächsten Schlag parat zu stehen.

Mitten in diesem Chaos vergisst Christophe seine Liebsten nicht. Er sieht die Veränderungen in seinem Leben, aber auch alles, was wir ihm geben. Er entschuldigt sich für das, was er uns antut. Er, der Kranke, der ertragen muss, der leidet, der nichts dagegen tun kann, entschuldigt sich. Das ist als ob er sich verantwortlich fühlen würde für das, was ihm passiert, als ob er eine solche Situation hätte vermeiden können. Er fürchtet eine Last für uns zu werden. Hat er so wenig Vertrauen in unsere Liebe? Zum Trost kann ich ihn nur umarmen. Aber nicht zu fest, denn seine Schmerzen erlauben es nicht.

Neben ihm liegt ein dreiundzwanzigjähriger junger Mann, der an einer anderen Form von Krebs schwer erkrankt ist. Es gibt so viele Arten von Krebs. Jede davon ist eine Erkrankung mit spezifischen Symptomen. Der Ausweg ist allzu oft derselbe für diese jungen und kräftigen Männer. Man sagt, es gebe keinen

Ausweg; was bedeutet das schon? Soll nur die Heilung ein Ausweg sein? Warum ist es kein Ausweg mit dieser Krankheit leben zu lernen? Dieser seit zwei Monaten erkrankte junge Mann hat die ganze Hoffnung der Welt in sich. Er ist wunderbar. Dennoch, an den schmerzhaften Nebenwirkungen der Chemotherapie leidet er sehr. Auf der Station gibt es keinen Patienten, der nicht schwer erkrankt ist. Man lernt, sich nicht nach Krankheiten der Anderen zu erkundigen. Sie sind sowieso so schlimm, dass Vergleiche nur erschreckend sind. Außerdem – wozu vergleichen? Es hilft niemandem.

Tumor? Krebs? Was ist das eigentlich?

Ein Tumor ist eine Volumenzunahme eines Körperteils. Gutartig wächst er nicht oder fast nicht und beschädigt umliegende Organe nicht. Bösartig wächst er ständig, befällt und zerstört umliegendes Gewebe, um dann seine Zellen zu entsenden und neue Tumore zu bilden, die Metastasen genannt werden, im Gegensatz zu dem Primärtumoren.

Das Wort „Krebs" ist entlehnt aus dem Griechischen „Karkinos" und Lateinischen „Cancer". Diese Krankheit verdankt ihren Namen dem Erscheinungsbild, einer Masse mit Verzweigungen, den Blutgefässen, die Beinen des Tieres entsprechen.

Es ist einfach, es ist klar. Es ist zerstörerisch.

Kapitel 7

Eine gute Fee

In dieser Lebensschule findet er seine Lehrer unter seinen Bettnachbarn. Schon seit langem krank haben sie zahlreiche Erfahrungen gesammelt. Denn sie wissen Bescheid. Sie wissen, was „Chemo" bedeutet, wie schmerzhaft die Knochenmarkpunktion ist, wie man zur Röntgenaufnahme geht, wie die Station organisiert ist, wo der Kaffee ist... und viele praktische Details oder medizinische Informationen. Vor allem erleiden sie heute, was Christophe morgen erleiden wird: die Chemo mit ihren Begleiterscheinungen, die Infusionen mit der Handhabung der zahlreichen Kabel und den Alarmton eines Perfusors. Das verbindet sie. Es gibt keinen Platz mehr für Weltneuheiten, jeder ist so sehr mit seinem eigenen Kampf beschäftigt. Ihr Leben beschränkt sich auf vier Wände, das Bett und den Nachttisch. Ihr Horizont, ihre Ambition? Hier heraus zu kommen! Geheilt? Eines Tages vielleicht...

Unter diesen Bedingungen wird der Krankenhausaufenthalt zur Hölle, wo das Leben langsam verrinnt.

Man kümmert sich um ihn. Wer kann aber noch helfen, wenn alles den Bach runter geht, wenn die Nachrichten immer schlechter werden. Christophe äußert sich nicht. Wir verstehen es, und die Ärzte stellen es auch fest. Christophe ist nur ein Kind in der Not.

Er vertraut sich nicht an. Er ist nie sehr offen mit seinen Gefühlen umgegangen, aber jetzt schweigt er, um sich zu schützen. Sich öffnen wäre für ihn, seine noch vorhandenen Kräfte zu verplempern. Es scheint, dass er keine Worte hat, für das, was er empfindet, ohne eine Bresche in seine Verteidigungshülle zu schlagen. Wie ist es möglich, den nötigen Abstand zu bekommen, wenn eine Welle von Malheuren einem den Kopf versperrt? Wie ist es möglich weiter zu leben? Weiter zu lachen? Wie kann man es vergessen auch nur für ein paar Sekunden? Das bleibt ihm noch unerreichbar.

Die Ärzte wissen um das Problem. Es müsste eine Person geben, die ihm helfen kann. Um seine Seele zu erreichen, veranlassen die Ärzte die Unterstützung durch einen männlichen Mitarbeiters des Vereins „Hilfe für krebskranke Kinder Frankfurt e. V.", der auch junge Erwachsene bis zum Alter von 28 Jahren begleitet. Alle Versuche bleiben erfolglos. Christophe ist in einer Sackgasse.

Eine gute Fee ist wohl da, aber er sieht sie nicht, noch nicht. Als Vertreterin desselben Vereins ist diese charmante junge Frau, die ihn jeden Tag besucht, seine gute Fee. Ihre Maske, Pflicht beim Eintreten des Zimmers, lässt nur zwei bezaubernde Augen erscheinen. Die gute Fee öffnet ihm die Welt in seinem Krankenhauszimmer. Sie fühlt sofort, was für Christophe wichtig ist: eine ungezwungene Anwesenheit. Es wird aber viel Zeit vergehen, bis Christophe sich mit ihr vertraut fühlt. Regelmäßig besucht sie ihn, fast jeden Tag. Er hat nie ihre Begleitung in Frage gestellt, und wenn es ihm schlecht ging, wusste sie ihre Besuche einzuschränken. Das ist der hellste Sonnenstrahl am dunklen Himmel seines Lebens.

Eines Tages, wie an so vielen anderen Tagen, fühlt sich Christophe sehr schlecht. Wir versuchen ihm alle Mut zu machen. Sie, seine gute Fee, schlägt dem Arzt vor, ihn im Rollstuhl auf den Balkon an die frische Luft zu bringen, weit weg von dem überfüllten Zimmer, in dem man sich nur eingesperrt fühlen kann. Der erschrockene Arzt kann nicht erlauben, was er für einen Raucherwunsch hält. Immer wieder stoßen wir auf Missverständnisse, die sofort aus dem Weg geräumt werden müssen, um keine unnötige Hürde aufzutürmen.

Sie unterstützt ihn immer sehr aktiv: manchmal als seine Vermittlerin bei den Ärzten, oft als seine Informationsquelle, teilt sie mit ihm ihre Erfahrung über die Bewältigung seiner Krankheit. Dank ihr verfügt er über einen Laptop, der ihm erlaubt vom Krankenhaus aus ins Internet zu gehen. Stundenlang „chattet" oder „mailt" er mit seinen Freunden, wenn sein Zustand es ihm erlaubt. Er darf ihn sogar mit nach Hause nehmen. Das ist der modernste Laptop des Hilfsvereins, und er freut sich die letzten Updates zu installieren. Er, der soviel bekommt, ist endlich an der Reihe den anderen zu helfen. Er freut sich wie ein Kind vor dem Weihnachtsbaum, wieder für die andern da zu sein. Er ist dankbar.

Die gute Fee wird ihn bis zu Ende begleiten und später wird er mit großer Freude regelmäßig mit ihr Kaffee trinken gehen. Wir wissen noch nicht, dass es ein später gibt. Wir sind gerade dabei zu lernen, wie man Tag für Tag lebt. Später wird er mir sagen: „Ich hätte sie gern unter anderen Umständen kennen gelernt."

Kapitel 8

Die Wahrheit

Gesund wird er nicht mehr. Das weiß ich. Er weiß es aber noch nicht. Die Welt bricht zusammen. Ich werde es ihm nicht sagen! Ich lasse nicht zu, dass man ihm weh tut. Wir werden es schaffen. Er wird wieder gesund. Die Wissenschaft hat soviel Macht heutzutage. In ihm sehe ich nicht den kleinen Jungen, den meine Arme schützen können, sondern einen jungen Mann, dem ich das Leben gegeben habe. Ein Leben, das ins Wanken gebracht wurde. Was kann ich heute noch tun, als ihn vor all diesen Angriffen zu schützen? Ich will ihn nicht leiden sehen. Die Wahrheit ist unannehmbar. Sie findet keinen Platz in meiner Liebe. Ich will ihm helfen, die Lösung zu finden. Das Unmögliche werde ich tun. Dennoch gibt es keine Wunder. Ich kann ihn nicht schützen. Meine Machtlosigkeit! Meine Not!

Ich habe noch keine genaue Angabe über die Krankheit selber. Jeden Tag verstehen wir ein bisschen besser, was in seinem Körper vor sich geht, und jeden Tag wünschen wir uns mit den Ärzten darüber offen zu reden. Sie sagen uns nicht, was sie wissen. Schweigen der Ärzte! Von Arbeit überhäuft können sie nicht oft und lange genug mit uns reden, wie wir es brauchen. Sie halten uns wohl auf dem Laufenden, dennoch bräuchten wir soviel mehr Zeit, um zu verstehen, was über uns hereingebrochen ist und vor allem so, dass Christophe versteht, was es für seine Gesundheit bedeutet. Je größer unsere Hoffnungslosigkeit durch unsere Unkenntnis über den „Eindringling" und seine Schwere wird, desto größer wird unser Bedarf an ärztlicher Betreuung.

Jeden Morgen erwarten Patienten und Angehörige die „Visite" mit großer Neugier. Den Moment, in welchem man alle Diagnoseergänzungen erfahren und sogar verstehen sollte. Das ist auch den Moment, in welchem man Fragen stellen darf. Denn in diesem Moment haben die Ärzte die Akten in der Hand, aber leider auch wenig Zeit ...

Jeden Tag kämpfe ich, um ihm zu helfen. In meiner Not würde ich sogar die Zeit, unsere Zeit, seine Zeit anhalten, so dass er nie die furchtbare Nachricht erfährt. Dennoch ... Dies wird mir zu einer Grundfrage: Soll der Kranke über sein Leiden informiert werden? Nichts ist wie im Bilderbuch: Ein mitfühlender Arzt, der Zeit hat, ein kooperativer Patient, der die schlechte Nachricht verarbeiten kann. Das wäre optimal. Optimal ist selten.

Er hat das Recht die Wahrheit zu erfahren. Es geht um seinen Körper. Schützt man ihn wirklich, indem man ihm nichts sagt? Dürfen wir ihm die Wahrheit verschweigen? Und wenn ja, wie kann man mit diesem Schweigen leben? Wir haben immer nur mit offenen Karten gespielt. Um sein Recht, „nicht wissen zu wollen" zu respektieren, werden wir uns gemeinsam ganz langsam an den Weg der Wahrheit herantasten. Ich werde seine Fragen, die das Tempo seiner Wahrheitsfindung bestimmen werden, beantworten.

Warum sollte ich mit ihm sprechen? Warum ich? Weil niemand mit ihm offen redet. Auch weil ich den Eindruck gewonnen habe, dass es ihm weniger wehtun wird, wenn ich es übernehme. Und vor allem um die absurde Situation zu vermeiden, in der wir alle mehr wissen würden als er. Denn früher oder später würde Christophe dahinter kommen und sich hintergangen fühlen. Egal wie viel man mehr weiß als der Patient, es ist immer zu viel.

Welche Worte soll man wählen, um seinem Sohn beizubringen, dass sein Tod naht? Welche Wörter, welche Sätze könnten ihn schonen?

Es gibt immer Hilfe auch in den schlimmsten Fällen. Dank der psychologischen Betreuung der Patienten und ihrer Familien finde ich die Kraft, ihm alles begreiflich zu machen, was wir wissen. Die Mauer des Schweigens richtet sich nicht zwischen uns auf. Behutsam, und nur auf seine Nachfrage hin, enthülle ich die Wahrheit, wie es auch Eltern lernen müssen, um ihrem Kind die Dinge des Lebens zu erklären. Nur geht es hier nicht um sein Leben, sondern um seinen Tod.

„Du wirst nicht mehr gesund werden. Du kannst aber noch ganz lange mit dieser Krankheit leben!" Nach und nach, mit jedem Untersuchungsergebnis, ganz langsam, ähnlich wie sich ein Puzzle zusammensetzt, wachsen auch seine Erkenntnisse über die Krankheit.

Nach all diesen schweren Unterhaltungen untermauert die Wahrheit das Fundament unserer Beziehung. Wir machen uns gegenseitig nichts mehr vor. Ich erkenne, wohin uns diese Wahrheit führt. Nun möchte ich ihm die verbleibende Zeit so glücklich wie möglich gestalten.

Da er immer nur auf Autonomie bedacht ist, ist er sehr enttäuscht, dass die Ärzte nicht mit ihm persönlich gesprochen haben. Sie hatten ihm wohl mehr oder weniger gesagt, was er hatte, aber dieser noch unerfahrene junge Patient war nicht in der Lage diese Information zu interpretieren. Hätte er überhaupt eine solche Nachricht seitens der Ärzte verarbeiten können?

Kapitel 9

Diagnose

Zwei lange Wochen dauerten die verschiedensten Untersuchungen. Eine genaue Diagnose steht immer noch nicht fest. Um mit ihm sprechen zu können, muss ich mich selber informieren. Er ist viel zu sehr damit beschäftigt, zu überleben, zu verstehen, was alles passiert.

Ich treibe meine Nachforschungen weiter. Es soll ein Tumor sein? Aber was für einer? Nein, die Ärzte haben uns nichts erklärt. Wir haben nur gelesen, was auf dem Begleitformular für die Röntgenabteilung steht: „Verdacht auf „neuroendokriner Tumor" – NET". Christophe und ich wissen nicht, was wir mit einer solchen Information anfangen können. Wissen die Ärzte mehr, als sie uns sagen? Warum dieses Schweigen? Unsere Zukunft steht auf dem Spiel und niemand sagt uns etwas!

Das Gemeine daran ist, dass wir den seltsamen Eindruck gewinnen, auf die Spur ihres Geheimnisses gekommen zu sein. Also, was bringt es uns zu wissen, dass ein neuroendokriner Tumor vermutet wird, wenn wir dieses zusammengesetzte Wort nicht deuten können? Auch getrennt betrachtet können wir nichts damit anfangen.

Natürlich kann ich die morgige Visite nicht abwarten, den Moment, in dem Fragen erlaubt sind, den Moment, in dem die Ärzte mit uns sprechen sollen. Zwischen Tür und Angel frage ich sofort einen der Ärzte: „Doktor, bitte was bedeutet neuroendokrin?" Die Antwort ist beißend: „Dazu müsste ich Ihnen Medizinunterricht geben!" Das ist eine kalte Dusche für uns. Sein Urteil ist unwiderruflich. Sind wir zu unwissend, um unsere eigenen Körperfunktionen zu verstehen?

Es ist unfassbar, dass die Medizin sich auf die Instandhaltung einer „menschlichen Maschine" reduziert. Ein Arzt, der im Rahmen seiner Arbeit der Gefühlswelt gegenüber verschlossen bleibt, ist nur ein Techniker, der seine Arbeit mit gutem Gewissen zu erledigen glaubt. Die Humanisierung der Beziehung zwischen Arzt und Patient sollte Bestandteil eines der Wissenschaft entsprechenden Gesundheitssystems sein.

Aufklärung ist ein Recht, und für manche Patienten eine Notwendigkeit, das jedem zusteht, auch wenn er nicht Medizin studiert hat! Am Abend, zu Hause, sind wir entsetzt, dass wir keine weiteren Erklärungen bekommen haben. Um unsere Fragen in all unserem Unwissen zu formulieren, müssen wir aber zuerst verstehen. Das Internet, dem ein Wort genügt, wird unser einziger Ausweg. Wir finden einige Informationen, aber zuerst muss sich die Diagnose bestätigen. Viel Unterstützung finde ich bei meinen Freundinnen, die mich ermuntern, unsere Fragen an eine höhere Instanz in der Klinik zu stellen. Nun wissen wir, dass Christophe an einem „neuroendokrinen Tumor – NET" erkrankt ist. Es ist offiziell. Kein Zweifel mehr. Wir wissen, worum es geht.

Mit dieser Diagnose werden meine Nachforschungen gezielter.

Ich suche. Stundenlang. Überall suche ich, was uns weiterbringen würde: in den Büchern, die Franz abends nach seinem Arbeitstag in der Buchhandlung findet und ich suche auch im Internet. Es war mir nicht möglich, gegen einen „Feind" zu kämpfen, ohne ihn zu kennen. Ein anderer Arzt, an den wir uns zuwenden, winkt ab: „Es ist zu kompliziert, um es ihnen zu erklären!" Ich fühle wohl, dass die Antwort sein Unwissen verschleiern soll.

Ich habe noch in den Ohren, als ein Arzt mir antwortet: „Ich weiß es nicht, da muss ich mich einlesen!" Was für eine Ehrlichkeit! Er würde sich erkundigen und uns berichten. In Ordnung. Das ist unsere Erfahrung und es geht nicht jedem so. Aber dennoch dürfte es nicht so sein..

Wir fühlen uns einsam in unseren Versuchen, diese Krankheit zu verstehen. Es muss doch einen Weg geben. Wo denn? In welche Richtung? Es geht Christophe sehr schlecht. Er wird zwar nicht mehr gesund, aber wir müssen alles versuchen, um das kleine Lebensfünkchen solange wie möglich hell leuchtend zu erhalten. Eine Frage der Zeit! Im Internet entdecke ich die Seite der „Selbsthilfegruppe – NET" und unverzüglich rufe ich an. Trotz der späten Stunde gibt mir die zuvorkommende Präsidentin des Vereins wertvolle Auskünfte und schickt mir per Post detaillierte Informationen. Auf ihre Empfehlung hin nehme ich Kontakt mit den zwei spezialisierten Krankenhäusern so früh wie möglich am folgenden Tag auf. Nachdem ich den betroffenen Professoren die verschiedenen Untersuchungsergebnisse per Fax geschickt habe (ich habe sie immer sehr sorgfältig gesammelt), akzeptieren sie, sich mit dem Krankenhaus, in welchem Christophe liegt, in Verbindung zu setzen. Nur die persönliche Aufgeschlossenheit der Ärzte erlaubte eine solche Handlung. Zusammen wird ein Therapieplan aufgestellt. Ich glaube nicht, dass es ihm besser ergangen wäre, wenn sein Zustand einen Transfer in eines dieser zwei Krankenhäuser erlaubt hätte.

Ich muss mich sowohl mit mehreren Spezialisten als auch mit Betroffenen oder deren Familien unterhalten und zahlreiche Artikel lesen, um unseren „Angreifer" zu verstehen. Auf meine ausdrückliche Bitte antwortet mir zögernd ein Facharzt, dass nach der Statistik die Überlebenschance von neun Monaten bis zu fünfzehn Jahren reicht. In Anbetracht der Schwere seiner Erkrankung bleiben mir wenige Illusionen. Ich wollte es wissen. Und nun: Was für ein Schock! Ich spüre es noch, dieses in meinem ganzen Körper aufsteigende Gefühl der Ohnmacht, das mir vor Furcht das Blut in den Adern erstarren lässt. Für den Bruchteil einer Sekunde wird mein Gehirn abgeschaltet: Leere. Wieder bricht die Welt zusammen. Ich fasse mich aber schnell wieder. Man meint, die Wahrheit verkraften zu können, sie aber so nah zu spüren, kann aus dem Gleichgewicht bringen. Dennoch ist diese Antwort für mich eine große Hilfe. Ich weiß endlich, was mich erwartet. Ich kann mich auf diesen schweren Schicksalsschlag vorbereiten. Ich kenne diesen „Eindringling", der unsere kleine Welt zerstört. Meine Hilflosigkeit wandelt sich in eine kämpferische Hoffnung, die immer wieder mit jeder weiteren Information abfällt. Jedes Mal hebe ich wieder den Kopf, bereit, Christophe beizustehen, um ihn zu retten. Ich will mich nicht geschlagen geben.

Bei einem Gespräch mit einem der vier diensthabenden Ärzte erhalten die Fragen, die mich quälen, eine Antwort, die aber wiederum neue Fragen aufwirft. Diese neuen Fragen kann ich noch nicht stellen. Ich versuche Stand zu halten und an alles zu denken, was wir noch wissen möchten, um die fehlenden Auskünfte zu erhalten. Die Ärzte empfehlen, eine Liste der offenen Fragen zu erstellen. Nun, was sollte ich wissen wollen? Alles! Was passieren wird, was passieren könnte, die Krankheit, die Therapie und vor allem, was gemacht werden soll, jetzt und morgen, um nichts Wichtiges zu verpassen? Wie lautet die Frage, Herr Doktor?

In der Not, in der wir uns befinden, fühle ich mich nicht in der Lage, die Informationsflut, die mich verschlingt, schnell zu erfassen. Oder bin ich ganz einfach eines strukturierten Denkens nicht mehr fähig? Deshalb wird die Geduld insbesondere der Ärzte auf die harte Probe gestellt, die gesprächsbereit sind. In einer so schwierigen Lage ist es bestimmt nicht im Rahmen der Möglichkeit von Ärzten, alles darzulegen. Wir hätten so sehr eine Vertrauensbasis gebraucht, die uns die Kraft gegeben hätte, ein bisschen inneren Frieden zu finden.

Christophe und ich, wir sprechen sehr viel zusammen. Wir verbringen den ganzen Tag miteinander. Ich antworte ehrlich auf alle seine Fragen, auch wenn die Antwort mir weh tut. Ich bin vorbereitet und will offen bleiben.

Ein Zukunftsthema beschäftigt mich: Aha… Momente der Bewusstwerdung. Ich schmiede Pläne und fasse die Zukunft ins Auge. Freude! Man bekennt sich nicht schnell als besiegt. Und wenn er eine Frau treffen würde, und sie würden Kinder haben wollen…. Ich muss mit ihm reden, was aber nicht einfach ist. Anderseits ist es ein Zukunftsprojekt, das ihm zeigt, dass man daran glaubt – an das Leben, wenn auch verkürzt – demnach kann es nicht falsch sein. Also spreche ich von „Spermabank". Kategorisch will er nichts davon hören. Um nicht später diese Entscheidung bereuen zu müssen, erkläre ich ihm, dass seine Situation ihn zu nichts zwingt und es rein seine Entscheidung ist. Sie, seine Freundin, seine Frau, soll es akzeptieren. Schluss aus. Ich will nichts dem Zufall überlassen. Ich muss doch für ihn denken, da er damit beschäftigt ist zu kämpfen.

Er spricht über seine Angst. Nicht die des Sterbens, sondern die des Krankheitslebens. Nicht das Sterben jagt ihm Angst ein, sondern der Weg dahin. Diesen Weg werden wir als Familie mit ihm gehen. Und doch muss er selber gehen, allein seinem Schicksal gegenüber. Unser einsamer Kämpfer.

Ich werde die in meinem Koffer verborgene Fülle meines Wissens für mich behalten: das Wenige, aber Wesentliche, welches ich ihm verschweigen will. Er sagt schon selber, dass Nebenwirkungen keine Rolle spielen, da er sowieso nicht achtzig Jahre alt werde.

Er behält seinen so realistischen Galgenhumor, um mir zu sagen: „Dann werde ich der erste sein, der meine Großmutter Mima wieder sehen wird". Was kann man da antworten? „Warte mal, so weit bist du noch gar nicht!"

Er benutzt nicht mehr die erste Person, um über sein Unwohlsein zu sprechen. Vielleicht um sich eine seelische Unabhängigkeit zu erlauben. Es ist wie, wenn dieser Körper, der ihn im Stich lässt, nicht er selbst wäre, sondern nur ein Teil, den er ausklammern kann. Einerseits gibt es Christophe, andererseits diesen Körper, der ihm nicht treu ist und dessen er sich schon befreit. Heute, wo ich schreibe, ist Christophe immer noch bei uns.

Kapitel 10

Wir

Wie sieht es jetzt aus?

Christophe leidet sowohl in seinem Körper als auch in seiner Seele. Ich habe versucht ihm seine Krankheit zu erklären, ihm Hoffnung zu geben, obwohl ich selber verloren bin und nicht mehr weiß, was ich noch machen kann, um ihm zu helfen. Nur eins will ich: ihn auf diesem leidigen Weg begleiten. Ihn nicht in dieser steinernen Wüste allein lassen. Tag und Nacht bin ich engagiert. Tagsüber bei ihm. Nachts in Gedanken bei ihm, treibe ich meine Nachforschungen im Internet oder per Telefon. Seine nicht minder engagierte Schwester verbringt ihre Abende mit ihm. Sie bringt ihm die Frische ihrer Jugend; mit ihr unterhält er sich nicht über Krankheit, sondern versucht weiter zu leben. Indem sein Vater von uns jeglichen anderen Druck fernhält, stellt er für uns die Stabilität dar, die uns versichert, dass wir uns alle zusammen ganz diesem Kampf widmen können. Was mich anbetrifft, bringe ich ihm eine gewisse Sicherheit. Die Sicherheit zu wissen, dass sich jemand um die besten Therapiemöglichkeiten bemüht.

Ich sehe mich noch an den Mauern entlanggehen, wie ich Tag für Tag vom Parkplatz zu seinem Zimmer strebe. Ich fühle mich unendlich klein, um diesem „Gegner" kontern zu können. Was für eine Ohnmacht! Was für eine Traurigkeit! Für ihn aber will ich mich nicht schonen, mich nicht erholen, obwohl die Überanstrengung mich immer mehr niederschlägt. Wir gehören doch zusammen! Ich bin erschöpft, am Ende meiner Kräfte. Für ihn aber will ich weitermachen. Morgens begebe ich mich zu ihm mit schnellen Schritten, wissend, dass er uns braucht. Und wir ihn. Wenn unsere Zeit schon gezählt ist, dann will ich ihm für sein Glück die Welt auf einem Tablett servieren. Was kann ich ihm noch mehr geben? Abends, niedergedrückt, ihn dort lassen zu müssen, fahre ich nach Hause in Begleitung seines Vaters, der ihn nach der Arbeit besucht.

Wie steht es mit mir?

Ich habe das ganze Gewicht des Leids gespürt. Das wiegt schwer auf der Schulter. Selbst seelisches Leid ist sehr physisch. Ich weiß nun mehr denn je, dass das Leben schwierig ist. Mein Sohn, mein Kind ist krank, todkrank.

Hatte ich noch nicht genug gelitten? In meiner Kindheit lief es manchmal nicht so gut. Ohne Familie, meine Mutter und ich waren allein auf dieser Welt. Ihre Mutterliebe hat der Schwere meiner isolierten Kindheit getrotzt. Sicherlich habe ich Maman irgendwie zu früh verloren, aber Eltern zu verlieren, ist eine zwangsläufige Entwicklung des Lebens.

Mein Sohn muss gehen. Vor dieser Katastrophe war mein Leben als Frau, als Mutter wunderbar. Ich fühlte mich vor Kummer geschützt. Wie leichtgläubig ich war! Ich hatte keinen Grund, mir Sorgen zu machen. Ich war glücklich. Unsere kleine Familie vertrug sich gut. Unsere Partnerschaft war erfolgreich, ich fühlte mich wohl in meiner Haut. Wir hatten zwei wunderschöne Kinder, die unser ganzes Glück waren. Nun jetzt weiß ich, dass nichts von vornherein gewonnen ist. Ich war im Wohlbefinden erstarrt. Mein Glück überschlug sich.

Seit dieser furchtbaren Diagnose lebe ich in Angst vor dem nächsten Schlag. Werde ich genug Kraft haben um Stand zu halten?

Mein Koffer ist zu schwer. Auf Empfehlung von Christophes guter Fee packe ich in diesen Koffer alle Gefühle dieser letzten Wochen, die ich nicht verarbeiten konnte. Es waren zu viele in einer so kurzen Zeit. Ich habe keine Wahl, als sie in diesen Koffer zu verstauen, um weiter machen zu können. Das Verarbeiten der Gefühle braucht viel Abstand, Zeit und Kraft. Die habe ich jetzt nicht. Es geht alles zu schnell. Diesen Koffer öffne ich von Zeit zu Zeit wie gerade jetzt zum Beispiel. Ich finde darin soviel Verzweiflung, dass ich mich noch heute frage, wie wir es alle geschafft haben, mit soviel Hartnäckigkeit dieser Lage Stand zu halten.

Kapitel 11

Hoffnung

„Mit den Gefühlen jonglieren" ist meine tägliche Aufgabe. Jonglieren, weil man sich nicht gehen lassen kann und nicht soll. „Man muss positiv denken!" Jonglieren also, um die Balance zu finden, zwischen positivem Denken und Mitgefühl.

Jonglieren auch, weil Christophe nicht mehr weiß, wie er mit soviel Leid zurecht kommen soll. Wie soll man akzeptieren, was passiert? Was soll man darüber denken? Wie soll man auf diese Frage antworten, wenn die „Unbekannte" einen führt. Ohne Kraft und ohne Freude, ohne Hoffnung, vom Leid niedergeschmettert, ist er auch ganz bestimmt von Ohnmacht wie gelähmt. Mit Tapferkeit erträgt er alles. Doch findet seine Verzweiflung einen Ausweg in einer verbalen Aggressivität, die gegen diejenigen gerichtet ist, die ihm am nächsten stehen: seine Schwester und mich. Wir wollen ihn nicht die Konsequenzen seines Verhaltens ertragen lassen, die uns dazu gebracht hätten, uns von ihm fernzuhalten. Dennoch, seine Aggressionen zu ignorieren wäre destruktiv. Die Psychologin hat mir ganz einfach erklärt: „Ihre Grenzen werden die seinen sein". Was für ein kleiner Satz, doch was für eine Auswirkung auf unsere Beziehung. Danke!

Mein Mann und ich sind sehr realistisch. Dies hat womöglich manchen unserer Freunde schockiert. In so einer Situation ist Realismus erschreckend. Er lässt dem Traum keinen Platz. Er dekliniert sich weder im Pessimismus noch im Optimismus. Er ist unerbittlich, unversöhnlich und schnürt einem den Hals zu. Er erlaubt es aber nicht, die Tränen zu unterdrücken, die verborgen bleiben sollten.

Bei Christophe pflege ich meine Körpersprache. Nichts soll die Verzweiflung ausdrücken, die unsere kleine Familie empfindet. Selbstverständlich kann ich kein Glücksgefühl an den Tag legen, doch will ich mich auch nicht traurig zeigen. Eine klagende Anwesenheit ist keine große Hilfe. Ich will ihm die Kraft, die Hoffnung vermitteln, die ich innehabe. Außerhalb seines Zimmers lasse ich meine Tränen zu, aber nie vor ihm. Ich will ihn in einem positiven Umfeld halten und das einzige, was zählt, ist sein Leben mit diesem „unerwünschten Begleiter" zu meistern.

Er, der nie abhängig sein wollte, braucht nun eine Stütze. Dabei wird er nicht von uns abhängig sein. Wir sind einfach für ihn da. Ich bin tief in mir dankbar, dass ich immer zu seiner Verfügung stehen konnte, dank meines Mannes!

Ich versuche immer, ihm die Wahrheit zu sagen. Ich weiß, dass er sie hören will. Dennoch habe ich oft den Eindruck, ihn zu belügen. Das quält mich, auch wenn es dafür gute Gründe gibt, ihm nicht zu sagen, was mein Herz wirklich verbirgt. Ich will doch seine Not mit ihm teilen und nicht meine. Ich weiß, seine Tage sind gezählt, dennoch trägt mich die Hoffnung des Lebens. Warum nicht? Ich liebe ihn so sehr. Dementsprechend reden wir von Jahren, von zehn, von zwanzig Jahren. Ich hoffe es, ohne daran zu glauben. In den schwierigsten Momenten schafft er es, eine Stütze in meinen tröstenden Worten zu finden. Wenn seine Hoffnung ihn im Stich lässt, versichere ich ihm, dass er statistisch gesehen noch Jahre vor sich hat. „Statistiken lügen doch nicht, oder?". Er fällt nicht darauf herein, doch es erlaubt uns, eine gewisse Verzweiflungsfalle zu umgehen. Er hat eine große Tapferkeit bewiesen mit seinem „unerwünschten Begleiter" zu leben. Später werden wir lernen, die Zeit nicht mehr zu zählen, sondern die Gegenwart zu genießen.

Wir haben mit der traurigen Wahrheit gelebt! Wir konnten uns nicht der trügerischen Hoffnung hingeben! Wir haben uns nur eines erhofft: Ihn so lange wie möglich unter den besten Bedingungen leben zu sehen: eine große Menge Leben addiert mit der bestmöglichen Lebensqualität. Das ganze Pflegepersonal sprach von Lebensqualität, er war aber zu jung, um darauf eingehen zu können. Das ist an sich schon eine Einengung. Seiner Meinung nach konnte es mit einem so schweren Gewicht auf den Schultern keine Lebensqualität geben. Ich glaube, dass er sich damals sterben sah. Der Tod wurde für ihn zur einzigen Ausflucht.

Der Tod sollte aber noch nicht gegenwärtig sein. Der Sterbende! Ich hasse diesen Ausdruck. Ich sehe darin nur noch den Tod, obwohl das Leben noch präsent ist. „Ein Sterbender", zwei Wörter ohne Hoffnung. Ein Urteil.

Er ist noch am Leben, und sein Ziel soll sein, bis zum letzten Tag zu leben.

Kapitel 12

Die Freunde

Jede Situation bringt ihren Anteil an Traurigkeit mit sich, aber auch Freude: Für uns ist es der Einsatz der Freunde. Die Seinen, die Unseren.

Er hat viele Freunde und legt Wert darauf, die Beziehungen zu pflegen. Er bekommt sehr viel Besuch. Manchmal zu viel gleichzeitig. Das Bett ist die einzige Zuflucht eines im Krankenhaus liegenden Patienten, dessen Lebensumfeld sich auf diese zwei Quadratmeter begrenzt. In diesem beschränkten Raum fühlt sich der Patient nackt und allen ausgeliefert: Sie sind angezogen, er ist im Pyjama; sie stehen, er liegt; es ist für ihn erniedrigend, er fühlt sich in einer schwachen Position. Wie schützt man sich selber? Es gibt keine Abwesenheitsliste!

Besuche sind und bleiben willkommen, insbesondere wenn jeder sich bemüht, so dass sich der Patient mit mehreren Besuchern nicht überfordert fühlt.

Um in keine Abhängigkeitsposition zu geraten, ist es Christophe wichtig, alle Fäden seines Lebens in der Hand zu halten. Wie soll man das bewältigen, wenn man in einem schon für vier Betten zu kleinen Zimmer ans Bett gefesselt ist? Sein angeborener Sinn für den Respekt vor Anderen bringt ihn dazu, seine eigenen Ansprüche zurückzunehmen, um Niemandem zu nahe zu treten: Es werden nur ein, maximal zwei Besucher gleichzeitig akzeptiert.

Nach einigen Spannungen mit seinem Besuch fängt er an, seine Besuche wie einen Terminplan zu organisieren: mit bestimmender Höflichkeit und einer guten Dosis gesunden Menschenverstand und immer mit Rücksicht auf seinen Gesundheitszustand. Denn er ist nicht immer in der Lage Besuch zu empfangen. Wir haben gelernt, seine Wünsche zu respektieren, und ihm noch die Möglichkeit gelassen, zu entscheiden, wer wann kommt. Gott sei Dank: Die engste Familie ist auf seiner Prioritätsliste ganz oben. Dennoch lasse ich immer den Freunden Vorrang, indem ich irgendwelche Beschäftigungen vorgeschoben habe, um ihn nicht in Verlegenheit zu bringen. Ich weiß auch, dass er dann gut versorgt ist. Ich respektiere und ich kenne nur zu gut seinen Wunsch nach Unabhängigkeit.

Ich erlebe innige Momente mit seinen Freunden, als wir im Gemeinschaftsraum zusammen bei einer Tasse Kaffee sitzen. Einzeln gehen sie zu ihm, und gemeinsam stärken wir uns, um der Zukunft, vor der wir uns fürchten, entgegen zu sehen.

Dennoch lehnt er manche kategorisch ab. Dies war nicht immer einfach für uns. Vor soviel Hoffnungslosigkeit, ist es mir auch nicht möglich, seine Entscheidung in Frage zu stellen, und ich bin sehr dankbar für das entgegengebrachte Verständnis der Abgelehnten. Einige haben sich schriftlich bei ihm gemeldet, was uns tief berührt hat. Andere haben die Gelegenheit später wahrnehmen können, um ihn endlich mal wieder zu sehen.

Unser Verhältnis festigt sich. Er teilt mit mir die Mails von seinen Freunden. Diese Öffnung ist seinerseits ein ganz neues Verhalten. Noch nie waren wir so nah zueinander. Die Zeit drängt. Gegenseitig geben wir uns alles. Ich möchte alles von ihm, um nichts zu verpassen. Da ich mich nicht mit Lesen beschäftigen kann, verbringe ich Stunden bei ihm, ohne etwas zu tun. Wenn es ihm schlecht geht und er sich gar nicht mit mir unterhalten kann, liege ich auf der Lauer, ob ich etwas für ihn tun kann. Für ihn etwas zu tun, ist mein einziges Anliegen. So verlaufen die Stunden und Tage. Immer gieriger nach ihm, weil ich ihn verlieren muss, schaue ich ihn immer an, immer und immer wieder. Ich bekomme nie genug. Es ist ihm unangenehm, und ich verstehe wohl seine Bemerkungen. Worauf soll ich aber meinen

Blick in diesem begrenzten Universum richten, während ich acht Stunden lang, auf diesem Stuhl eingezwängt, in diesen fünfzig Zentimetern Enge zwischen seinem Bett und dem Schrank sitze.

Unsere Freunde vergessen uns nicht. Ihre Unterstützung ist riesengroß. Jeden Abend, wenn wir gegen einundzwanzig Uhr nach Hause kommen, finden wir eine Aufmerksamkeit: Blumen, Worte oder eine warme Mahlzeit. Ich war nicht mehr in der Lage zu kochen, obwohl ich den ganzen Tag nichts gegessen hatte. Es wäre gut gewesen, im Krankenhaus gleichzeitig mit den Patienten zu essen. Eine Cafeteria ist zwar vorhanden, dennoch will ich ihn nicht verlassen, ihn alleine lassen, für etwas Belangloses wie Essen.

Nach dem Abendessen höre ich die Stimme der Freundschaft auf dem Anrufbeantworter. Und jeden Abend rufe ich alle zurück. Es füllt mein Herz mit Wärme. Wir sind nicht einsam auf dieser Welt. Meine Freunde tragen mit mir diese schwere Last, sie nehmen Anteil an unserem Leid, immer aufmerksam und sie helfen, wo sie nur können.

Noch ein Mal bedanke ich mich bei allen Freunden, die ihn unermüdlich unterstützt und uns geholfen haben.

Kapitel 13

Verluste

Beziehungen unter Patienten im Krankenhaus entstehen und klingen wieder ab. Im Laufe der Heilungsprozesse, im Laufe des Lebens, im Laufe des Ablebens? Man lernt es, die Bettnachbarn zu schätzen, denen man zufällig im Rhythmus der Behandlung begegnet. Man vermeidet über Krankheit zu reden, wenn sie einem den Kopf einnimmt. Man will einfach weitere menschliche Beziehungen führen in einer menschlichen Welt, in der die Krankheit nur eine Nebensache darstellt.

In seinem Zimmer gibt es drei andere Patienten. Eines Morgens ist ein Bett leer. Christophe teilt mir den Tod des Patienten mit, der gestorben ist, wo er am wenigsten stören würde: Im Badezimmer der Etage. Obwohl er schon alt war, ist es eine sehr schwere Erfahrung. Der erste Kontakt mit der menschlichen Grausamkeit vor dem Endgültigen. Christophe hatte gelernt, diesen alten Mann zu mögen, der, so gezeichnet von seiner Krankheit, das Zusammenleben mit ihm in einem Zimmer belastet hatte. Ruhe kehrte wieder in die kleine Gemeinschaft des Krankenzimmers zurück.

Sein junger, dreiundzwanzigjähriger Bettnachbar möchte in Kontakt mit Christophe bleiben. Aber Christophe fürchtet sich vor dem, was diesem jungen Mann bevorsteht und zögert, sich weiter mit ihm anzufreunden. Er hat nicht die Kraft, einen zusätzlichen Leidensweg mit zu tragen. Als er einige Monate später endlich die Kraft gefunden hat, in Begleitung seiner guten Fee seinen jungen Bettnachbarn im Krankenhaus zu besuchen, ist es zu spät. „Gerade das zu erfahren, wollte ich so sehr vermeiden."

Für den anderen Patienten ist ein Wechsel auf die Intensivstation angesagt. Er ist gegangen. Leere. Fragen? Wo ist er? Was macht er? Wie geht es ihm? Und dann die Frage der Endgültigkeit: Ist es schon so weit? Eines Tages erfährt man es.

Christophe wird der Letzte dieser Zimmergemeinschaft sein, der unsere Welt verlassen muss. Jedes Mal fragt man sich, wer der Nächste sein wird. Um ihn zu schützen, habe ich vermieden, über den Tod eines weiteren Patienten auf der Intensivstation zu sprechen. Er, mein Sohn, spricht mit mir darüber, ohne besondere Emotionen zu zeigen: „Du weißt, Herr … ist gestorben!" sagt er mir lapidar. Ich schlucke zweimal, bevor ich in demselben Ton antworte: „Ja, ich weiß, ich habe es in der Zeitung gelesen!" Sein Koffer ist zu voll um emotional zu reagieren. Es ist besser für ihn sich an die Realität zu halten, sachlich zu bleiben. Wir haben nie wieder darüber gesprochen.

Meiner Ansicht nach ist ein Teil meiner Aufgabe, meinen kranken Sohn vor jeglicher zusätzlicher Last zu schützen und ihn zu begleiten. Aber respektiere ich auf diesem Wege seine Autonomie? Sollte ich ehrlicher mit ihm sprechen? Was ist mit seinem Recht, die Wahrheit zu erfahren? Soll dieses Recht seines Verarbeitungsvermögens wegen eingeschränkt werden? Das weiß ich nicht. Das Einzige, was ich weiß, ist, dass ich nicht die Kraft gehabt habe, ihm immer alles zu sagen.

Kapitel 14

Chemotherapie

Die Chemotherapie ist die einzig denkbare Behandlung. Wie alle weiß ich über Chemotherapie nur vom Terror der Nebenwirkungen. Wir haben alle in unserem Umfeld Kranke, die diese Behandlung ertragen mussten oder abgelehnt haben. In den meisten Fällen hatten wir aber mit dieser Entscheidung nichts zu tun. Dieses Mal fühle ich mich verpflichtet, abzuwägen, ob diese Behandlung hilft oder schadet. Steht das potentielle Risiko im Verhältnis zu dem Nutzen? Im schlimmsten Fall sind wenige oder keine Verbesserungen zu erwarten aber hohe Nebenwirkungen. Im besten Fall allerdings Verbesserungen ohne Nebenwirkung. Dazwischen gibt es eine Reihe von Abstufungen! Es liegt mir sehr am Herzen, seine Rechte zu verteidigen, seine Interessen zu wahren und ihn zu schützen.

Was aber ist eine Chemotherapie? Sie beinhaltet das Einsetzen bestimmter chemischer Substanzen, um eine Krankheit zu behandeln. Also ein Medikament. Sie ist eine Behandlungsmethode, wie auch ein chirurgischer Eingriff eine ist. Im heutigen Sprachgebrauch benutzt man diesen Begriff aber nur noch im Zusammenhang mit der onkologischen Therapie. Es bleibt aber dennoch ein Medikament! Unter diesem Aspekt fällt die Entscheidung leichter.

Ich zögere, da ich die Befürchtung habe, dass ihm die Chemotherapie mehr Schlechtes, als Gutes bringen würde. Er ist so schwerkrank, dass es mir kaum vorstellbar erscheint, sein weiteres Leben sei lebenswert. In einem Gespräch teile ich dem Arzt meine Besorgnis mit. Ist die Chemotherapie schon künstliche Lebensverlängerung? Ist meine Hoffnung so schwach, dass ich nur noch das Ende des Weges sehe?

Glücklicherweise beseitigt der Arzt meine Zweifel. Eindringlich überzeugt er mich, dass die Behandlung notwendig sei. Es gehe um eine Palliativ-Maßnahme, eine kurative Behandlung sei ohnehin schon undenkbar. Im Nachhinein weiß ich, dass ihm die Chemotherapie trotz der Nebenwirkungen eine unvergleichbare Lebensqualität gesichert hat.

Wenn man so eine Therapie erdulden muss, hat man zahlreiche Fragen. Die Unwissenheit erdrückt einen. Seine schon erfahrenen Bettnachbarn informieren ihn über die Nebenwirkungen, die das Leben, das Überleben, begleiten werden. Als wenn er noch nicht genug Probleme hätte! Schleimhautentzündungen, Übelkeit ... um nicht die unangenehmsten Nebenwirkungen aufzuzählen. Eine ist belastender als die andere. Nicht zuletzt der Haarausfall, ein Stigma, das die Krankheit sichtbar macht, die er so gerne vergessen möchte. Er verabscheut das Kopfkissen mit den unübersehbaren Spuren seiner Krankheit. Nichts bleibt ihm erspart. Seine Schwester veranlasst ihn dazu, seine Haare kurz zu schneiden: Er, der diese Mode ablehnt, muss wohl oder übel die Halbglatze hinnehmen.

Die erste „Chemo" findet also am 31. Januar 2003 statt.

Es geht Christophe schlecht. Ich habe es schon erwähnt, es ist aber schwer, sich vorzustellen, dass es einem Menschen so schlecht gehen kann. Vor Schmerz kann er sich nicht mehr bewegen, die Übelkeit plagt ihn, so dass er weder essen noch trinken kann. Und da seine Lunge stark befallen ist, braucht er dauernd Sauerstoff.

Er ist wie gelähmt. Die Knochenmetastasen verursachen ihm unheimliche Schmerzen. Fünf Tage lang warten wir auf den Schmerzspezialisten. Fünf Tage Quälerei! Fünf Tage ohne sich zu bewegen, fünf Tage im Bett liegen, ohne sprechen zu können. Ja, sogar Sprechen tut ihm weh. Fünf Tage, an denen ich zur Hilflosigkeit verurteilt bin und bei ihm bleibe. Ich bin da, um einfach bei ihm zu sein, ihn nicht allein zu lassen, ihn zu begleiten. Nun endlich beginnt die Schmerzbehandlung, und er kommt wieder zu sich. Später, in der Hoffnung, wieder arbeiten zu können, versucht er immer wieder, die Dosis herabzusetzen, um seinen Körper zu schonen. Nicht immer mit Erfolg. Er braucht die Schmerzmittel, und die Dosis muss allmählich erhöht werden.

Er hat schon zehn Kilo abgenommen. Da er nichts mehr essen kann, bekommt er eine parenterale, das heißt eine intravenöse Ernährung. Wieder ein Schritt weiter in die Krankheit, wieder ein erstes Mal, wieder mehr Abhängigkeit. Er fühlt, wie er tiefer und tiefer rutscht, fühlt, wie die Erde unter seinen Füßen wegrutscht. Wie weit muss er noch absteigen? Die Hölle! Er klagt nicht und teilt mir pragmatisch seine Wahrnehmung mit.

Unsere Beziehung entwickelt sich. Sicherlich braucht er Hilfe und sicherlich ist es für mich ein großes Privileg, ihm beistehen zu dürfen. Dennoch zwingt ihn sein Zustand, sich zu überwinden und seine Selbstständigkeit ein Stück weit aufzugeben. Oft zieht er es vor, sich von mir helfen zu lassen, als die Hilfe des Pflegepersonals in Anspruch zu nehmen: Ihn zu waschen zum Beispiel. Auf diese Weise erhält er seine Würde und vor allem seine Unabhängigkeit der Außenwelt gegenüber. Dies bringt uns näher, aber um welchen Preis? Seine Schwester und ich fangen an, seine durch die Chemo strapazierte Haut zu massieren. Das tut ihm gut. Er mochte diese Massagen und das, obwohl er den Körperkontakt sonst eher vermied.

Kapitel 15

Verwaltungsschock

Wir haben sie, unsere Wahrheit in all ihrer Unerbittlichkeit, in all ihrer Grausamkeit. Wir können nur erdulden, was uns jeden Tag angreift. Wir sind so verwundbar. Wir stürzen diesen abschüssigen Abhang hinab, auf dem wir gar keinen Halt finden. Nichts deutet auf einen Haltepunkt. Mir ist klar, dass nichts diesen Zug mit seiner wahnsinnigen Geschwindigkeit anhalten kann. Im Nachhinein ist mir bewusst, dass auch Christophe keine Weiche sah, die diesen höllischen Zug seines Lebens in Richtung Glück gelenkt hätte.

Die Krankenkasse hat schon Konsequenzen aus dieser dramatischen Situation gezogen. Wir sind gezwungen, einen Rentenantrag zu stellen. Für sie bedeutet es nur, die Kosten richtig zu verteilen. Für uns ist es ein wahrer Schock. Demnach steht auch für die Krankenkasse der Ausgang fest.

Wir reihen uns in die Runde der Rentenantragsteller ein. Wir wissen, dass die Krankenkassenärzte ihm keine Wiedereingliederung zugestehen. Für Christophe ist Arbeit Leben. Mit diesem Antrag soll er seine Rechte in Anspruch nehmen! Was ist mit seinem Recht auf Arbeit? Was für eine Ironie! Er ist einfach zu jung und hatte keine Zeit die Tragweite der Diagnose zu begreifen, um Rente zu beantragen. Die schlimmste Auswirkung des Rentenantrags wird noch kommen: Die Rehabilitationskur.

Erst seit einer Woche ist die Diagnose bekannt, und schon bemüht sich die Verwaltung, uns zu erläutern, dass er nicht mehr zu den Aktiven gehört. Ist eine Wiedereingliederung in die Arbeitswelt unmöglich? Keine Hoffnung mehr? Wir geben uns so viel Mühe, positiv zu denken. Aber das Gesetz schreibt es vor! Meine Ansprechpartnerin bei der Krankenkasse ist aufs tiefste betrübt. Sie hat aber keine andere Wahl. Ihr kann ich nicht böse sein. Ich missbillige aber das System, das uns diesen Weg vorschreibt, in dem wirtschaftliche Gesichtspunkte vor Menschlichkeit und Hoffnung gesetzt werden. Christophe lehnt es zuerst ab, auf dem Rentenantrag zu reagieren. Er will und kann sich nicht mit dem Problem befassen. Dies hätte eine Einstellung der Krankengeldzahlung bedeutet. Eine Fürsorgerin der Krankenhausabteilung steht uns bei.

Einerseits zwingt man ihn, andererseits gibt man ihm. Es steht ihm ein Behindertenausweis zu. Wunderbar! Dieser Ausweis wird ihm die Möglichkeit geben, in aller Sicherheit zu Konzerten zu gehen, da er auf einer besonderen Bühne abseits der Menge Platz nehmen darf. Sein Vater und er werden mehrmals zu Konzerten gehen, wie sie es immer getan haben. Ich erinnere mich noch an ihr erstes Konzert: Da war Christophe neun Jahre alt...

Kapitel 16

Welcome home

Die erste Chemo ist fünfzehn Tage her. Im Krankenhaus steht nichts mehr an, keine Untersuchung, keine besondere Behandlung bis zur nächsten Chemo, die in zwei Wochen geplant ist. Die Ärzte drängen ihn das Krankenhaus zu verlassen. Nichts ist einfach in dieser Situation. Christophe will zweifellos nach Hause zurück, die Angst jedoch vor dem „Unbekannten" steht seinem Willen zur Unabhängigkeit entgegen.

Die zwei Wochenenden, die Christophe bereits zu Hause verbringen durfte, waren mit negativen Erfahrungen verbunden. Sein schwankender Zustand hatte mich dazu gebracht, Hilfe bei den Krankenhausärzten zu suchen. Verständnisvoll hatten sie uns telefonisch beraten. Am Sonntagabend, wenn Christophe ins Krankenhaus zurückkehrte, war er froh, „sein" Bett in „seinem" Krankenzimmer wiederzufinden.

Dieses Mal sollte es eine Entlassung werden, was bedeutet, dass „sein" Bett nicht mehr frei gehalten würde. Er sichert sich ab, jeder Zeit wiederkommen zu dürfen. Es ist ihm lebenswichtig. Er fühlt sich ungenügend gewappnet zu kämpfen. Es gab schon so viele Überraschungen. So schwer krank ist er.

Zuerst kommt es nicht in Frage, dass er allein lebt. Aus wirtschaftlichen Gründen haben wir seine Wohnung schon aufgegeben. Um diesen Entschluss zu fassen, haben wir lange Gespräche geführt, in denen ich vorsichtig taktieren musste. Ich habe mich oft gefragt, wie man die richtigen Worte in so diffizilen Situationen findet. Ich denke, dass die Liebe mich geleitet hat, in meinem Bestreben ihn zu schützen, ihm nur Gutes zu tun, ihn glücklich zu machen, ihn lächeln zu sehen.

„Du hattest sowieso schon mit der Idee gespielt umzuziehen. Nun, jetzt oder nie. Dann wirst du bestimmt eine bessere Wohnung finden, und einige Monatsmieten erspart haben!"

Das Studio, das wir für ihn im ersten Stock unseres Hauses einrichten, ist noch nicht fertig. Die Trennwand zwischen den zwei Kinderzimmern, die seit dem Auszug seiner Schwester leer sind, wurde entfernt, um seinen Kindheitstraum zu verwirklichen: „Im schönsten Zimmer des Hauses zu leben" wie er zu sagen pflegt. Eine neu eingebaute Wohnungstür sichert ihm sein eigenes Reich. Für die Dauer der Renovierungsarbeiten soll er in das Gästezimmer ziehen. Das ist zwar klein aber angenehmer als das kleine Krankenhauszimmer in dem vier Betten Platz finden müssen. Unser Haus wird also wieder „sein Zuhause".

Voller Freude empfangen wir ihn. Wir haben Donnerstag, den 13. Februar. Seine Schwester und ich haben das Gästezimmer eingerichtet. Sie freut sich sehr, dass er wieder nach Hause kommt. Sie bereitet viele kleine, liebevolle Überraschungen vor, wie die Girlande „Welcome Home", die sie an die Haustür anbringt. Obgleich alles in Ordnung scheint, lief nichts wie geplant. Die Schmerzen sind im Griff. Seine zwei nächsten Termine in der Klinik sind in der kommenden Woche das Implantat eines zentralen Katheters „Port" und eine Woche später die zweite Chemo.

Am Tag danach kommt sein behandelnder Arzt zu uns ins Haus und stellt einen Behandlungsplan auf. Wir richten uns ein. Trotz Bemühungen finden wir keinen Arzt, der uns Tag und Nacht zur Seite steht.

Am folgenden Sonntagmorgen atmet er schwer. Er schnappt nach Luft. Sein blasses Gesicht und seine blauen Lippen und Nägel alarmieren uns. Ich rufe im Krankenhaus an: Wir müssen hin. Zwischen Patient und Arzt steht aber die Verwaltung, die die Einlieferung an Werktagen und Wochenenden unterschiedlich handhabt. Das macht alles komplizierter. Christophe empfindet es wie ein unüberwindliches Hindernis. Was ist denn mit der Zusicherung der Ärzte, jederzeit wieder zurückkommen zu können? Dessen ungeachtet müssen wir uns bei der Notaufnahme melden. Wir begleiten Christophe ins Krankenhaus. Er hat seine Freunde auch dorthin bestellt. Inzwischen geht es ihm scheinbar besser. Er ist entspannt und hat keine Beschwerden mehr. Zum Glück sind wenige Leute in der Notaufnahme, denn wir sind eher laut. Es liegt Nervosität in der Luft. Es wird gelacht, Witze gerissen, die gute Stimmung lässt die Sorgen vergessen.

Allein mit mir im Untersuchungszimmer sprechen wir miteinander. Ich spüre, dass er verzweifelt ist. Es gelingt mir, ihn zu überzeugen, dass es noch nicht so bald zu Ende gehen wird, jedenfalls noch nicht morgen oder übermorgen, denn die Statistik stellt ihm eine Überlebensdauer von zwei bis fünfzehn Jahren in Aussicht. Die Ärztin hatte von neun Monaten gesprochen! „Du schaffst es immer wieder, mir Mut zu machen." Ich war zufrieden, sein strahlendes Gesicht zu sehen, aber gequält gelogen zu haben. Sind alle Mittel gerechtfertigt? Immer dieselbe Frage! Meine Worte sind von Liebe diktiert, mir erscheinen sie nicht gelogen, da ich doch noch Hoffnung habe. Jedenfalls scheint es uns unmöglich, ihn ohne Komplikationen zu Hause zu pflegen.

Christophe ist erst zwei Tage zu Hause gewesen.

Kapitel 17

Die Hölle

Die Notaufnahme führt Christophe in dieselbe Abteilung aber nicht in das Zimmer, das er vor drei Tagen verlassen hat. Das bedeutet neue Patienten, andere genauso betrübliche Schicksale. Er hat nicht mehr die Kraft sich dem Schicksal zu stellen, aufzustehen, um seinen ersten Leidensgefährten zu besuchen. Er ist in einer großen Bedrängnis. Trotz ständiger Sauerstoffzufuhr fällt ihm das Atmen immer schwerer. Das Schlimmste ist zu befürchten. Er spricht nicht mehr, isst nichts mehr. Er fühlt sich dem Ende nahe. Und nicht nur er spürt es. Die Ärzte, wir Eltern, alle, die ihn besuchen, spüren es und haben wenig Hoffnung.

Außerdem quälen ihn die klimatischen Bedingungen. Obwohl es Februar ist, erwärmt die Sonne, die auf das große Fenster scheint, die Innentemperatur sehr stark. In diesem überhitzten Raum dürfen die Fenster wegen einer aus einer Baustelle kommenden Verseuchungsgefahr nicht geöffnet werden. Diese unerträgliche Hitze, der er sich nicht entziehen kann, unterwandert seinen ganzen Lebenswillen. Das Pflegepersonal ist fürsorglich: Der Ventilator, der neben sein Bett gestellt wird, bringt ihm nur zu wenig Erleichterung. Er bekommt keine Luft. Er schnappt nach frischer Luft. Die mitfühlenden Zimmergenossen erlauben, das Fenster ein wenig zu öffnen. Trotz des Verbotes.

Die „Maschine" Krankheit, die ihn zermalmt, läuft weiter. Das Einsetzen eines zentralen Venenkatheters bedeutet für ihn fortschreitenden Verfall. Diese Portimplantation ist schon wieder ein Schritt weiter nach unten, zum Grund hin. Doch ist es auch von Vorteil für ihn: die Armvenen werden vor den Schädigungen der Chemotherapie verschont. Es ist nur ein kleiner Eingriff, jedoch ist es vor allem ein zusätzliches Stigma. ANGST.

Später, mit ein wenig mehr Erfahrung, werden wir nie mehr solche Momente erleben. Wir sind in höchster Not. Was können wir machen? Wie immer seit dem Anfang seines Krankenhausaufenthalts bleibe ich den ganzen Tag bei ihm, aber dieses Mal ohne mich mit ihm zu unterhalten. Ich begleite ihn ganz einfach, bereit, bei Bedarf, ihm die Lippen zu befeuchten, seine Decke wieder herzurichten, für zehn Minuten zu lüften, um das Fenster dann wieder zu schließen. Schweigend stehe ich ihm bei. Er ist mein einziger Gedanke. Alles erscheint mir so oberflächlich. Nichts anderes zählt mehr als er. Was kann ich noch für ihn tun? Zu Hause versuche ich fieberhaft weitere Informationen über die Krankheit zu sammeln. Meine Schultern scheinen mir unter dem Gewicht der Hoffnungslosigkeit noch schwächer zu werden. Meine Hilflosigkeit erdrückt mich. Ich habe für ihn Schmerzen. Ich bleibe treu bei ihm und gönne mir keine Ruhe. Wir kennen uns gut, wir beide, wir hassen die erzwungene Einsamkeit.

Da es ihm immer schlechter geht, stelle ich die zweite Chemo in Frage. Wie bei dem ersten Mal befürchte ich die Nebenwirkungen dieser Schocktherapie. Ich habe auch zu wenig Hoffnung. Ich erlebe diese Hölle Tag für Tag. Ich teile seine Schmerzen mit ihm. Ich kann mir nicht vorstellen, dass es ihm eines Tages besser gehen wird. Ist es richtig? Spritzen wir ihm mehr Schlechtes als Gutes ein? Ich fürchte, ich habe nicht mehr die Kraft, an eine Verbesserung zu glauben, von der es keine Anzeichen gibt. Es ist mein Zweifel. Ich war auch dabei, den Boden unter den Füßen zu verlieren. Ich will nicht, dass man ihm weh tut. Ich will ihn doch so gerne lächeln sehen, ihn leben sehen; stattdessen sehe ich ihn langsam sterben, ohne irgendetwas machen zu können.

Mein Mann und meine Tochter haben mir die Hand gereicht. Die Gemeinsamkeit ist eine der Kräfte unserer Familie. Beide haben mehr Abstand als ich behalten. Sie teilen meine Befürchtungen nicht, die sich nicht beseitigen lassen. Sie sind nicht der Meinung, dass die Chemotherapie nur schadet. Zum Glück! Mit viel Geduld und Entschiedenheit bringen sie mich dazu, Kraft zu finden, um weiter kämpfen zu können. Meine innere Stimme sagt mir, dass man mit Christophe sprechen sollte, denn passiv leiden zu müssen, scheint mir der schwierigste Weg zu sein. Über seine eigene Behandlung mit entscheiden zu können, heißt die Konsequenzen bewusst hinzunehmen. Dieses Mindestmaß an Selbstständigkeit, würde ihn in die Lage versetzen, den dünnen Faden des Lebens selbst in die Hand zu nehmen. Zu Dritt, dieser unbekannten Zahl, wir haben doch immer zu viert gerechnet, zu Dritt also wollen wir uns auf sein Selbstbestimmungsrecht berufen. Er soll sich nicht mehr ergeben müssen, wir wollen seinen Kampfgeist wiedererwecken!

Wir erbitten die Unterstützung eines Arztes. Ich fühle mich nicht in der Lage, alle seine Fragen zu beantworten, die eine Entscheidung für oder gegen eine Chemo mit sich bringt. Der Arzt schlägt ihm vor, entweder die zweite Chemo zu machen oder ihn in einem Einzelzimmer unterzubringen, damit er mehr Ruhe finden kann. Wir wissen und er weiß es auch, dass es auf der Etage nur ein einziges begehrtes Einzelzimmer gibt, das für extreme Fälle reserviert ist. Dies bestärkt unser aller Befürchtung: Er ist der extreme Fall. Christophe, ein Kämpfer, der immer einen hohen Scharfsinn bewiesen hat, nimmt die Gelegenheit wahr: Chemotherapie im Einzelzimmer. Ich kann es nicht fassen. Was für einen Weitblick in diesem Sturm. Am Tag danach wird er umgebettet. Wir mutmaßen ein nahes Ende. Wir glauben an nichts mehr und wir glauben an alles. Leben? Sterben? Es spielt keine Rolle. Das einzig Wichtige ist, dass er nicht mehr leidet. Wir wissen nicht mehr, was wir von all dem denken sollen. Wir denken nicht mehr. Wir kämpfen nur noch. Aber alle zusammen.

Das ist eine sehr schwere Zeit. Ich habe gerade die Auswirkung des Wortes: „Man muss kämpfen!" entdeckt. Leiden zum Überleben, leiden zum Leben schlechthin, denn niemand weiß, was die Zukunft für uns bereithält. Heute kann ich sagen, der Kampf hat sich gelohnt. Er hat noch wunderbare Tage erlebt und wir mit ihm.

Kapitel 18

Einzelzimmer

Das Einzelzimmer, in dem er nun liegt, ist nach Norden orientiert und daher angenehm frisch. Er übergeht die Kontaminationsgefahr, dreht die Heizung zu und lässt das Fenster Tag und Nacht sperrangelweit auf. Draußen ist es sehr kalt. Ich sitze den ganzen Tag dick eingepackt bei ihm. Er sitzt auf seinem Bett ohne zu frieren nur in einem T-Shirt. Die frische Luft bringt ihm ein wenig innere Ruhe. Als Kind schon mochte er auf dem Balkon schlafen, „um frische Luft zu haben" sagte er. Seine Wohnung wurde auch nie geheizt.

Die zweite Chemo findet am 21. Februar statt. Die Nebenwirkungen sind stärker als das erste Mal: Wasseransammlungen in der Lunge, in den Beinen, im Genitalbereich. Es tut unheimlich weh, das zu sehen. Er wacht nachts auf, als er spürt, dass ihm Wasser aus der Nase läuft. Er fürchtet sich abends einzuschlafen. Im Schlaf hat er keine Kontrolle über sich. „Wie werde ich sein, wenn ich die Augen wieder öffne? Was wird mir der Morgen bringen?" Er fürchtet sich vor der Überraschung des Aufwachens. Er würde gerne ohne quälende Gedanken einschlafen können. Immer diese Angst, die seine Wahrnehmung stört.

Alles geht weiter. Alles konzentriert sich darauf, was wir am meisten in dieser Welt fürchten. Dennoch wünschen wir ihm die Erlösung. Wir stehen es durch und ich weiß nicht mehr, wie wir alles ausgehalten haben, ohne zusammenzubrechen. Die Liebe trägt uns. Er braucht uns so sehr. Und wir ihn.

Nichts oder fast nichts bleibt uns erspart. Die neuen Symptome, Nebenwirkungen der Chemo oder nicht, kommen zu den vorhandenen hinzu. Sein Zustand stabilisiert sich nicht. Die Ärzte sagen uns nichts mehr. Trost finden wir bei dem Pflegepersonal, mit dem Christophe sehr gute Beziehungen aufgebaut hat. Er ist ein angenehmer Patient, der, sobald er kann, lächelt. Mit charmanter Höflichkeit und voller Dankbarkeit beweist er immer seine Fähigkeit, die Unannehmlichkeiten zu erdulden. Das nennt man Geduld: Ein Patient im wahrsten Sinne des Wortes. Ich nehme an, dass meine Anwesenheit dem Personal die Pflege erleichtert, denn zu zweit versuchen wir so wenig Hilfe wie möglich zu beanspruchen.

Er isst fast nichts mehr. Seine Übelkeit überanstrengt ihn. Aber siehe da, er fängt an Gummibärchen zu essen. Zuerst zaghaft, dann aber ganz viele und dies ohne Problem. Das bleibt an ihm haften. Er bekommt Unmengen geschenkt. Er hat endlich einen Wunsch.

Es ist eine Tortur, jeden Abend ohne ihn nach Hause zu gehen, mit der Angst vor der langen Nacht, mit dem Gefühl zu weit von ihm weg zu sein. Und wenn etwas passiert? Auf den allabendlichen Nachhausewegen erdrückt uns dieses ganze Leid. Soll man mit dem Schlimmsten schon morgen rechnen? Das Licht seines Lebens, unseres Lebens flackert. Er, der sich sein Leben lang mit Lichtern beschäftigt hat, ist dieses kleine Genie, das unser Leben erhellt hat. Seit diesem Abend wissen wir, was wir denjenigen, die uns nahe stehen, mitteilen werden: „Une lumière s'est éteinte" – Ein Licht ist erloschen.

Abends und nachts ist seine Schwester bei ihm. Ihr tiefster Wunsch ist es, sowohl die Freude als auch die Sorgen zu teilen. Sie erweist sich als eine große Hilfe für mich. Die Winterpause ihres Studiums erlaubt ihr, sich voll und ganz zu engagieren. Sie muss mir versprechen, ihren Bruder nicht allein zu lassen, falls die Lage sich zuspitzen sollte. Er sagt mir, er fühle sich wohl mit ihr, er fühle sich nicht gezwungen, sich mit ihr zu unterhalten. „Mit ihr ist es wie im normalen Leben." Sie sind unter sich. Er fühlt sich frei. Sie sieht fern, löst Kreuzworträtsel oder Ähnliches. Er nimmt Anteil oder auch nicht. Zweimal verbringt sie die ganze Nacht bei ihm, weil es ihm so schlecht geht. Auf einem Sessel zuerst in diesem kalten Raum, dann auf einem Feldbett, das wir mitgebracht haben, eingepackt in einen Kaschmirponcho, den mir eine fürsorgliche Freundin geborgt hatte.

Das große Drama findet am Donnerstagmorgen, den 27. Februar statt, bevor ich bei ihm sein konnte. Der Arzt teilt ihm mit, dass er das Zimmer wieder freigeben soll: zurück zum Startfeld, in dieses Zimmer der Alpträume, das er acht Tage zuvor verlassen hat. Diese Vorstellung ist ihm unerträglich. Warum haben die Ärzte nicht zuerst mit mir gesprochen? Ich weiß wohl, dass er als Erwachsener der eigentliche Gesprächpartner sein soll. Wir hatten in diesem Sinne daraufhin gearbeitet. Er ist aber geschwächt, allein, wehrlos, tief in seinem Bett. Als ich ankomme, kann Christophe kaum sprechen oder argumentieren um sich zu verteidigen. Woher sollte er die Kraft dazu finden? Er teilt mir in drei Worten das Vorhaben der Ärzte mit. Ich kann es nicht fassen. Was sollen wir machen? Ich spreche mit dem Arzt, der von einem dringenden Bedarf berichtet. Ich bleibe ruhig. Ich unterwerfe mich nicht der Panik, die mir den Hals zuschnürt: Ich bin meiner selbst selten so sicher gewesen, trotz der Ungewissheit. Ich werde es schaffen, die richtige Lösung zu finden.

Ich nehme umgehend Kontakt zu dem Verein „Hilfe für krebskranke Kinder" auf, der schon des Öfteren effektiv geholfen hat. Kurz darauf diskutiert unser Helfer entschieden mit dem Arzt. Alles wird vor Christophe besprochen. Was für unnütze Verwaltungsschwierigkeiten, wenn man schon so sehr angegriffen ist. Christophe gegenüber wiederhole ich meine Entschiedenheit. Vertieft in seiner Hoffnungslosigkeit ist er nicht mehr in der Lage, irgendetwas zu hoffen. Dank der guten Worte des Helfers, akzeptiert er, sein Schicksal in meine Hand zu legen.

Die sofortige Dringlichkeit besteht für heute nicht mehr. Das Zimmer gehört uns für einen weiteren Tag. Durch das Wochenende verlängert sich der Aufschub. Wir werden eine Lösung finden, koste es, was es wolle.

Wir verlieren die Zwänge der Behandlung nicht aus den Augen: Seit der zweiten Chemo sind nun drei Wochen vergangen und die dritte Chemo soll am folgenden Mittwoch stattfinden. In Anbetracht seines Zustandes spricht man davon, sie zu verschieben. Wir wollen es nicht, aber die Ärzte lassen sich auf keine Diskussion ein. Wir ahnen, dass das nichts Gutes bedeutet. Es gibt aber so viel „nichts Gutes", dass es keine Rolle mehr spielt. Das Dringendste ist, für ihn ein Bett in einer medizinischen Einrichtung zu finden, um das bekannte Vierbettzimmer zu vermeiden. Wohin aber?

Später erfahren wir, dass wir die unschätzbare Hilfe des Pflegepersonals bekommen haben; vereint mit uns, haben sie sich gegen eine Rückkehr ins Vierer-Zimmer gewehrt. Das hat die Entscheidung der Ärzte geändert.

So ist es. Sie haben ein krankes Kind, das vielleicht morgen auf die große Reise gehen muss und sie müssen sich den Kopf zerbrechen, wohin mit ihm, damit es Ruhe findet. Es erscheint so lächerlich! Es war sehr mühsam und dennoch haben wir es geschafft. Was werden wir noch erleben müssen?

Noch einmal ist es ein Verein, der uns zu Hilfe kommt. Dieses Mal ist es der Verein für Sterbebegleitung in unserer Stadt. Sobald der Zustand von Christophe sich so sehr verschlechtert hatte, hatte eine meiner Freundinnen mich über eine Palliativ-Einrichtung in Frankfurt für AIDS- und Krebskranke in der letzten Lebensphase informiert. Ich hörte aber auch, dass die Aufenthaltsdauer dort nur zwei bis drei Wochen betragen solle. Schockiert erinnere ich mich, dort angerufen und gefragt zu haben, was dann passiere, wenn der Kranke nach drei Wochen noch nicht gestorben sei. Sie haben geantwortet, dass der Patient nach Hause gehen kann, wenn er stabilisiert ist. Dort will ich ihn unterbringen. Der Arzt hilft uns und teilt uns mit, dass Christophe am Dienstag dort erwartet wird. Bis dahin kann er das Einzelzimmer behalten. Wir haben den 28. Februar 2003. Es ist unvorstellbar, dass nur vor zwei Monaten unsere Welt noch intakt war.

Wie ist diese Klinik? Alt? Neu? Das Alles ist nicht wichtig. Was aber unseren Augen nach wichtig ist, ist zu erfahren, ob ein Einzelzimmer möglich ist. Was für ein Glück! Es ist möglich. Christophe fühlt sich sicherer und ein wenig getröstet.

Es bleiben nur noch drei Tage, um seinen Umzug vorzubereiten. Es ist erforderlich, die Einnahme der verschiedenen Medikamente von intravenös auf oral umzustellen. Seine letzten Tage im Krankenhaus sind beschwerlich: Unwohlsein, Übelkeit. Er spricht nicht mehr. Ich weiß, dass der Umzug ihm Sorge bereitet.

Kapitel 19

Palliativ-Klinik

Wir sind Kämpfernaturen, er und wir. Er ahnte schon, was ihm einmal widerfahren würde. Er weiß es schon seit fünf Wochen. Er fängt an zu lernen, Tag für Tag zu leben, ohne an morgen zu denken. Er kämpft für jede einzelne Lebensminute. Und wenn er diesen Palliativweg gehen muss, dann wird er darüber gehen. Ich versuche ihm beizubringen, dass diese Klinik nicht automatisch eine „letzte Etappe" bedeutet. Dennoch ist es eine Tatsache: er geht dahin, wo viele sterben. Da er, wie so oft, keine andere Lösung hat, macht er mit.

Zuerst muss der Transfer geregelt werden. Es gestaltet sich nicht schwierig, denn er wird vom Krankenhaus organisiert. Christophes Hauptsorge ist sein Sauerstoffbedarf. Im Krankenhaus läuft alles bestens. Christophe kennt nur zu gut das Prinzip der tragbaren Sauerstoffflaschen. Er hat schon Erfahrung gesammelt durch seine unterschiedlichen Wege innerhalb des Krankenhauses. Das Pflegepersonal sorgt bestens für diesen jungen Mann, den sie schätzen. Fürsorglich haben sie zwei Sauerstoffflaschen vorbereitet, falls eine leer werden sollte. Christophe ist zutraulich. Ein Aufwiedersehen? Ein Abschied? Niemand weiß das. Die Stimmung ist gedrückt, aber warmherzig. Die Sanitäter befestigen ihn auf der Trage und bringen uns mit dem Krankenwagen zu seiner neuen Unterkunft.

Während der Fahrt ordert der Krankenwagenfahrer bei der Palliativ-Klinik eine Sauerstoffflasche. Die Klinik hat keine! Bestürzung! Kein Wort, keine Geste, wir konzentrieren uns. Wir sind sowieso überfordert. Wir leben nicht mehr Tag für Tag, sondern von Schwierigkeit zu Schwierigkeit. Niedergeschmettert ergeben wir uns der nächsten Schicksalsprüfung. Notgedrungen willigt er ein, den Transfer in sein Zimmer ohne Atmungshilfe zu bewältigen. Während Christophe noch im Krankenwagen Sauerstoff bekommt, kümmere ich mich darum, dass in seinem neuen Zimmer ein Kondensator für seinen Sauerstoffbedarf vorhanden ist. Endlich ist alles so weit, und er kann sofort bei seiner Ankunft im Zimmer an das Gerät angeschlossen werden.

Wir warten auf ihn. Nichts passiert. Christophe kommt nicht. Das sind für mich Minuten des Terrors. Was ist denn los? Nochmals Hilflosigkeit! Immer Hilflosigkeit! Endlich kommt er. Später erfahre ich, dass der Aufzug zuerst in den Keller fuhr! Christophe ist sehr angespannt, blass, ängstlich. Er wird auf sein Bett gelegt. Wir sind allein. Die Einsamkeit ist willkommen. Das Einbettzimmer ist schön, geräumig und viel wohnlicher als ein Krankenhauszimmer: Parkett, ein großes Schiebefenster, das auf einen breiten Balkon oberhalb eines kleinen Gartens führt. Das Badezimmer ist von zwei Krankenzimmern erreichbar.

Wir lernen die Ärzte kennen. Sie nehmen sich viel Zeit, um mit uns zu reden.

Wir machen uns mit den Prinzipien der Palliativ-Behandlung vertraut. Ihr Ziel ist die Verbesserung der Lebensqualität von AIDS- oder Krebspatienten und ihren Familien, indem sie Leiden lindern und Schmerzen stillen. Keine schwere Therapie, keine Chemo mehr, nur noch Erleichterung. Die Pflege ist persönlicher. Der Patient und seine Begleitung können ihre drei Mahlzeiten bei der Köchin, die täglich vorbeikommt, bestellen. Das ist die Gelegenheit für Christophe, sich Bier für das erste Abendessen zu bestellen. Er kann es nicht fassen: Ihm, dem Schwerkranken, wird Bier angeboten. Selbstverständlich bleibt er sich treu, als er sich aus Provokation ein Bier bestellt, das er sowieso nicht trinken wird. Ah! Und dieses zu kurze Bett! Inzwischen haben wir uns daran gewöhnt. Wir müssen immer um eine Verlängerung bitten, denn er ist

1,96m groß! Das ist auch kein Problem. So! Das Bett verlängert, das Essen bestellt, das Zimmer entdeckt, wir können uns niederlassen. Auf das Regal, oberhalb seines Bettes, kommen die Geschenke seiner Freunde: Talismänner aus Stein, Teddybär-Maskottchen, Postkarten, Herz-Glücksbringer... Dass ich sie zur Schau stelle, ist nicht unbedingt sein Geschmack, aber er findet sich damit ab. So, jetzt braucht er Ruhe und wir verschieben die weitere Einrichtung auf den morgigen Tag.

Diese Klinik überrascht mich durch ihre menschlichen Dimensionen. Man fühlt sich wie in einem angenehmen Hotel mit ärztlicher Betreuung. Das Personal, das einen so schweren Beruf ausübt, verdient Bewunderung. Es braucht Menschenliebe, neben einer geeigneten Ausbildung, um Kranke in ihrer letzten Lebensphase zu begleiten.

Oberstes Gebot ist das Wohlsein der Seele. Alles trägt dazu bei, den Alltag eines Krankenhauses zu verbessern zum Wohle der Patienten und ihrer Besucher. Mit einem Wort, es ist kein Krankenhaus mehr. Das Leben ist ruhiger, intimer, ein bisschen wie zu Hause. Wir leben uns ein. Zusammen am Tisch, und nicht er allein auf seinem Bett, nehmen wir unsere Mahlzeiten ein.

Besuche sind immer erlaubt. Das Zimmer ist ungefähr vierzehn Quadratmeter groß und bietet genug Platz und Komfort. Ich verbringe Stunden neben ihm bequem in einem Sessel. Wenn andere kommen, verlasse ich den Sessel nicht aus Platzmangel, sondern aus Rücksicht. Auf der Etage gibt es ein Aufenthaltzimmer und noch viele weitere Annehmlichkeiten, die wir nach und nach entdecken.

In seinem neuen Zimmer nistet er sich ein. Ich muss tausende von Sachen bringen: DVDs, Filme, Verlängerungskabel, Adapter ... Unser Techniker lebt wieder. Ich halte mich genau an die Liste, denn ich bin ein absoluter Laie auf diesem Gebiet. Mit seinem Handy und seinem Laptop hat er aber schon genug zu tun.

Kapitel 20

Ängste

Sein Kopf spielt verrückt. Er leidet unter seiner Angst. Er kann sogar nicht mehr ins Badezimmer gehen, sosehr wird er gepeinigt. Er fürchtet sich in diesem schönen und gut ausgestatteten Bad. Es erfasst ihn Panik. Die Linienfugen der Kacheln greifen ihn an. Auf meine dringende Bitte, erklärt ihm der Arzt, dass er nicht in dieses Bad gehen muss. „Da gibt es andere Lösungen." Entschärfung gleich Entspannung.

Endlich verstehen wir, was ihn die zwei letzten Wochen so geschwächt hatte. Alles hat einen Sinn bekommen: Der Tod ist doch nicht so nah gewesen, sondern er litt unter Panikattacken. Sein Sauerstoffmangel war doch nur der körperliche Ausdruck seiner Ängste. Hatten manche Ärzte es schon begriffen? Warum hatten sie dann nichts unternommen? Christophe war nicht in der Lage, sich zu entspannen.

Hier aber, in der Ruhe, war es wieder möglich, mit ihm zu sprechen, ihm zu erklären, dass Panik ihn gequält hat. Es erschreckt ihn, feststellen zu müssen, dass seine Psyche ihn im Stich lässt und dass er durch Willen nicht alles unter Kontrolle halten kann.

Niemand lehrt uns, mit so einer Krankheit fertig zu werden. Dafür gibt es nur die Lebensschule, die persönliche Erfahrung. Wir haben Angst vor dem Leben, wenn es uns die Tür zur Ewigkeit öffnet. Angst den Tod zu erleben. Angst zu sterben. Angst nicht zu wissen, wie geholfen werden kann. Angst nicht auf der Höhe zu sein. ANGST. In der Palliativ-Klinik lernen wir mit, oder sollte man lieber sagen trotz dieser „verfluchten Krankheit" zu leben und nicht zuzulassen, dass sie ausschließlich unser Leben bestimmt. Mit Hilfe einer Psychologin gewinnen wir Abstand von der Krankheit. Christophe möchte eigentlich keine Therapie, gleichwohl nimmt er die Hilfe an, denn er braucht sie dringend. Er sieht für sich selbst keine Zukunft. Er denkt, dass ein auf Krankenhaus reduziertes Leben sich nicht mehr lohnt: „Wozu das alles?".

Im Nachhinein kann ich besser analysieren, was damals passierte: Er war zu Hause, hatte aber Angst. Wir hatten alle viel Angst. Wir konnten den Ängsten und Sorgen, die uns quälten, nicht standhalten. Wenn wir nur besser vorbereitet worden wären! Wir wussten nicht, wie man sich in so einer Situation verhält: Was hätten wir tun sollen so weit weg von den Ärzten? Normalerweise verlässt man das Krankenhaus in einem besseren Zustand als bei der Einlieferung. Uns schien, dass es ihm schlechter ging als vor dem Krankenhausaufenthalt. Wie konnten wir glauben, dass wir in der Lage waren, allein zurechtzukommen? Wir hatten noch nicht gelernt, mit dieser Krankheit zu leben. Später werden wir die Lage besser meistern, aber zu diesem Zeitpunkt ... Wir wussten keinen Ausweg. Unsere Ängste unterwandern unsere Lebensqualität. Wir wussten nicht, dass es noch möglich war, trotz allem schöne Tage zu erleben. Wir brauchten Zeit und Erfahrung, um mit der Krankheit leben zu lernen, mit den Schmerzen und seinem Unwohlsein umzugehen und die Ungewissheit zu ertragen. Erst seit neunzehn Tagen kannten wir die Diagnose und wussten dennoch nicht, was uns erwartete.

Ich habe alles gelesen, was ich finden konnte. Wir haben so wenig Zeit gehabt uns umzustellen. Man hat die Wahl diese teuflische Krankheit zu akzeptieren oder zu verdrängen. Ob man sie entdeckt, sie verinnerlicht, sie verdaut oder ignoriert; Man muss ausloten, welchen Lebensraum sie übrig lässt und wo sie einengt. Lernen mit ihr Tag für Tag zu leben, die Freuden, die kleinen Glücksmomente zu genießen, ohne Angst. Sich nicht in eine ungewisse Zukunft zu projizieren, von der Gegenwart profitieren, im Jetzt leben und nicht im Morgen. Es ist allerdings einfacher gesagt als getan, wenn man sechsundzwanzig Jahre alt ist.

Nur im Heute zu leben, ist vielleicht das Schwierigste gewesen, was wir lernen mussten, obwohl es so selbstverständlich erscheint. Wir haben die Angewohnheit unser Leben über die Zukunft zu definieren, als wären wir unvergänglich: Ein Vorhaben ist noch nicht beendet, und schon wendet man sich dem nächsten zu. Die drei kommenden Monate unseres Kalenders sind voll von Terminen. Morgen, Übermorgen, nächste Woche ...! Wenn aber die Zeit begrenzt ist, gibt es keine Zukunft. Heute leben und nicht morgen heißt das Leben zu entdecken, ohne Druck, denn jeder Tag ist da, um die ganze Welt zu erobern.

Durch seine Charakterstärke wird er den Abhang, auf dem er hinabgerutscht ist, wieder erklimmen. Nun kommen wir voran. Schritt für Schritt, aber es geht weiter. Später erkenne ich, dass er sich in der „psychischen und existentiellen Not der ersten hundert Tage", wie die Fachleute es nennen, befand. Das weiß ich nun.

Drei Tage nach seiner Einweisung in die ruhige Atmosphäre der Palliativklinik verbringt er seine erste Nacht ohne Atemhilfe. Später erscheint uns alles nur noch wie ein schlechter Traum.

Ganz langsam findet er wieder Geschmack am Leben. Seine Seele und sein Körper sind wieder im Einklang. Er hat seine innere Harmonie wieder gefunden.

Kapitel 21

Ein zweites Leben

Die Krankheit lässt ihm wenig Ruhe. Der „Tyrann" verlangt seinen Tribut. Die dritte Chemo, die schon um eine Woche verschoben wurde, steht auf dem Programm.

In der Palliativ-Einrichtung wurde die therapeutische Maßnahme ausnahmsweise zugelassen, weil sie einerseits Christophes Willen entsprach und andererseits mit hoher Wahrscheinlichkeit eine positive Auswirkung auf seine Lebensqualität haben wird. Die Klinik ist aber nicht ausgerüstet, um diese Therapie durchzuführen. Wir müssen zurück ins Krankenhaus.

Dank seines verbesserten Zustandes, fahren wir mit unserem eigenen Wagen zur Klinik. Was für eine Überraschung für das Pflegepersonal ihn zu sehen, wie er auf seinen eigenen Füßen ankommt! Sie können ihren Augen nicht trauen und jeder möchte ihn umarmen. Eine immense Erleichterung liegt in der Luft und zufrieden schleiche ich hinter ihm her. Ich bewundere meinen Sohn. Es ist ein Wunder! Man träumt davon und dann, wenn es Wirklichkeit wird, nimmt man es kaum wahr. Dennoch ist es unser Wunder. Was für ein Glück!

Ein Zweibettzimmer! Uff! Er kommt nicht wieder in dieses Vierbettzimmer, das er vor zwei Wochen verlassen hatte, um im Einzelzimmer den Horror zu erleben. Seiner Labilität bewusst, zieht er vor, so schnell wie möglich in „seine" Klinik zurückzukehren. Seine Therapie dauert drei Tage und am dritten Tag, sofort nach dem letzten Tropfen, verabschiedet er sich. Er möchte keine Minute länger bleiben. Die Nebenwirkungen nehmen nicht mehr die katastrophale Form der zwei ersten Chemos an. Langsam erholt er sich. Er nimmt wieder zu. Es geht ihm mit jedem Tag besser. Die Palliativ-Klinik ist sozusagen wie ein „Zuhause".

Bis dahin hatten wir auf diesem Schwindel erregenden Abhang nur negative erste Male erlebt. Endlich gibt es positive erste Male in diesen ersten Märztagen, die seinem Leben wieder einen Sinn geben. Es ist zwar kein aktives Leben mehr, aber es ist auch kein virtuelles Leben. Es ist ein reelles Leben, das ihm erlaubt, das Lachen wieder zu finden, das zarte Grün der frühlingshaften jungen Sprossen zu entdecken, die ersten Sonnenstrahlen zu genießen, sich dem Leben wieder zu öffnen, dem Gefühl wieder geboren zu sein.

Mit seinen Freunden – mit mir ist es ihm zu peinlich – geht er in die Stadt, wohl geborgen in einem Rollstuhl, der den Kranken zur Verfügung gestellt wird. Es ist am ersten Tag unerträglich, aber sie amüsieren sich bestens. Es ist eine Freiheit unter einschränkenden Bedingungen, aber dennoch eine Freiheit. Erschöpft muss er lernen langsam zu machen. Jeder Tag ist besser als der vergangene. Er trotzt den neuen Symptomen: Handkrämpfe, Hautprobleme und vielem mehr. Sein ganzer Körper ist aus der Bahn geworfen, dennoch findet er Geschmack am Leben. Da er weiterhin Kortison einnimmt, bekommt sein Gesicht Rundungen, die ihn sehr gut aussehen lassen, nachdem er so viel abgenommen hatte.

Draußen ist es mild. Die Sonne scheint. Das Leben ruft ihn. Wie wär's mit Ausgehen? Von nun an gehen wir jeden Tag zu Fuß spazieren. Er hat Lust darauf, er braucht es. Ist das nicht wunderbar? Wir beide lachen, wenn wir den Park neben der Klinik überqueren. Der Frühling ist noch jung. Das Erwachen. Wir setzen uns auf die Terrasse eines Cafés oder eines Restaurants. Er erringt wieder die Welt. Wir können nach Hause zurückkehren. Wir sind nun gut gewappnet. Kämpfen, um weiter zu kommen. Wir wissen, dass es möglich ist mit Krebs zu leben. Bis zum letzten Tag zu leben.

Endlich wird das sehnlichst erwartete Nachhausegehen erwähnt. Aber es gibt sie immer noch, diese Angst, die uns bedroht. Wie soll man mit einer so schweren Krankheit leben? Was soll man machen, wenn ...? Wir lösen uns langsam, Tag für Tag, mit Hilfe der Ärzte, von diesen Angstbeklemmungen, die uns so lange in Schach gehalten haben. Da wir sie kennen, wollen wir sie endlich besiegen um diese geschenkte Zeit voll und ganz genießen zu können. In der Brandung der Emotionen will ich ein feststehender Fels sein, auf den er sich stützen kann. Angst darf nicht mehr unsere Lebensfreude vernichten.

Wir werden es zuerst für nur ein Wochenende versuchen, aber diese Rückkehr auf Probe gefällt ihm nicht. Jedoch ist es beruhigend zu wissen, dass sein Zimmer für ihn reserviert ist. Ich bin sicherer geworden, aber er? Wie wird er reagieren, wenn...? Ich hoffe, die mir übermenschlich erscheinende Kraft zu finden, um meinen Sohn zu seiner letzten Bleibe zu begleiten. Ich liebe ihn zu sehr und muss es schaffen.

Das Wochenende ist gut verlaufen. Am 31. März, drei Tage später, kehren wir endgültig nach Hause zurück. Ich sage wir, denn ich komme auch nach Hause zurück. Seit drei Monaten habe ich jeden Tag, den ganzen Tag bei ihm verbracht. Ich freue mich sehr, die Möglichkeit gehabt zu haben, ihn so lange begleiten zu dürfen, so nah bei ihm gewesen zu sein. Seinem Vater sei Dank.

Die erste Hälfte des Chemotherapiezyklusses ist vorbei: Sechs mal drei Tage, alle drei Wochen. Ein kurzes Statement zeigt, dass die Therapie gut angeschlagen hat. Es beflügelt uns. Wir wagen an Zukunft zu glauben. Wir haben endlich Zeit vor und für uns. Wir machen Pläne! Schon!

Von da an ertappe ich mich selber, glücklich zu sein. Es ist nicht zu glauben, dass es ihm so gut geht, es aber nicht von Dauer sein wird. Sicherlich ist es nur eine eitle Hoffnung, aber sie gibt mir eine unvergleichliche Kraft: Die Kraft, um der Zukunft die Stirn zu bieten. Seine Schwester pflegt zu sagen: „Auch wenn es nur einen einzigen Mini-, Miniprozent Heilungschance gibt, muss man daran glauben."

Bis zu Ende haben wir daran geglaubt. Dennoch, eines Tages wird es kein Morgen mehr geben. Meine Freunde haben es sehr schwer, meine – ihrer Meinung nach – zu realistischen Worte zu hören und hinzunehmen. Gegenüber Christophe aber zeige ich mich hoffnungsvoll, das ist mir bewusst. Ich hätte ihm mit der Wahrheit zuviel Schmerz zugefügt. Mit ihm habe ich immer an eine schöne Zukunft glauben wollen. Während das Leben ihn wieder anlächelt, nimmt er die Zügel wieder in die Hand, auch wenn ich weiterhin immer zu seiner Verfügung stehe.

Meine Lektüren über das Thema Krebs haben mich die Wichtigkeit der Zusammenarbeit Patient-Arzt entdecken lassen. Ich spreche mit ihm über Krankheits-Management: Selbsttätig gegen seine Krankheit zu kämpfen bedeutet, sie anzunehmen, sie zu erfassen. Das bedeutet auch, mit einer aufgeklärten und freiwilligen Zustimmung an der Behandlungsregie teilzunehmen. Eine optimale Kommunikation zwischen dem Patienten und seinem Arzt erhöht die Behandlungseffizienz. In einem Wort, ich verlange von ihm, sich verantwortlich zu fühlen, diese Krankheit in seine Lebensprojekte zu integrieren. Es ist vielleicht das Beste von all meinem Zutun gewesen, denn von da an findet er wieder seinen Kampfgeist. Es kommt nicht für mich in Frage, meine Verantwortung zu delegieren, sondern es ist wesentlich für ihn, die therapeutischen Maßnahmen nicht mehr zu erdulden, sondern zu akzeptieren und folglich zu wollen. Die Chemotherapien bringen genug Unannehmlichkeiten mit sich. Beim Schreiben kann ich immer noch seine bewiesene Charakterstärke bewundern.

Er hatte schon immer jede ihm verabreichte Tablette oder Spritze kontrolliert. Er wusste genau, was er brauchte, denn nur noch dies konnte er entscheiden. Nach diesem Gespräch informiert er sich selber, organisiert seine Behandlungstermine und wird der Gesprächspartner seiner Ärzte. Ich behalte meine Rolle als Dokumentarin und als Stütze.

Von dem Tag an, als ich verstand, dass wir einen ungleichen Kampf mit unserem „Antagonisten" führen würden, legte ich mir einen Ordner an, in dem ich alle Ergebnisse, Berichte oder Entlassungsbriefe akribisch einordnete. Oft genug muss ich den Papieren hinterher jagen, was auch bedeutet, mir ein Minimum an medizinischen Vokabeln anzueignen. Wir sind die einzigen, die in der Lage sind, alle die ihn betreffenden Informationen zusammenzubringen. Gleichfalls verzeichne ich alle Höhen und Tiefen in seinem Gesundheitszustand. Dieser Ordner ist uns sehr hilfreich, um Fragen der Ärzte zu beantworten, die uns in unserem Zug bis zur nächsten Station begleiten. Ich habe diesen Ordner immer dabei. Ich habe auch die Gewohnheit angenommen, mit Hilfe meiner geschriebenen Notizen einen Bericht unserer Ärztebesuche zu schreiben. Wir gehen immer zu zweit zum Arzt: Zwei Gehirne hören und verstehen besser als eines. Wir haben genug zu tun, jeder für sich, um unsere Fassung zu bewahren. Zusammen waren wir stärker.

Kapitel 22

Mails an seine Kollegen

Dienstag, 1. April 2003 – 14:11 – Schon Online –

So – jetzt bin ich quasi den 3. Tag zu Hause. (War ja am Wochenende schon wieder hier!) Mein kleines Netzwerk, inkl. Telefon und DSL läuft. Endlich ist auch das Printersharing aktiviert. Genial. Endlich wieder Spielzeug zum rumspielen. Den ganzen Tag konfigurieren und optimieren und Updates hier und da ... Ach, was erzähl ich Euch ... Ihr kennt mich ja.

Werde auf jeden Fall versuchen, die Tage mal reinzuschauen. Da ich selber noch nicht fahren kann bzw. darf (Medikamente), werde ich mal schauen, wie der Stundenplan von meiner Mama aussieht und mich dann mal hinkutschieren lassen. Wird schon schief gehen. Also, eigentlich könnte ich ja auch selber fahren, aber ...

Bis dahin werde ich mal versuchen mein Defizit an Computer und Internet einigermaßen zu befriedigen. Ja, sonst geht's mir auch ganz gut. Man merkt halt wirklich erst dann, wenn man aus dem Krankenhaus draußen ist, dass man doch gar nicht so fit ist, wie man sich im Krankenhaus gefühlt hat. Aber das Zuhausesein ist auf jeden Fall ein gesunder Schritt in die richtige Richtung. Also, ich freue mich, bald den alten „Haufen" wieder zu sehen und melde mich selbstverständlich mal telefonisch bevor ich vorbei schaue. Nicht, dass ihr vor lauter Arbeit keine Zeit für mich habt. ☺

Dienstag, 1. April 2003 – 20:34

Ich glaabs ja net... Der hat des ja auch schon mit dem neumodischen Kram da – mit dem elektronischen Postweg – ... Oh man! Wahnsinn.

Also, Freitag sieht ganz gut aus. Ist quasi so gesehen gebongt. Wo wir bestellen, bzw. wie, wann und was ist mir doch, wie immer, egal aber bestellen ist ganz gut, da ich im Moment auch nicht so den Bock auf Kneipenluft bzw. zum Hinlaufen habe. Daher bin ich ganz einfach am Freitag, irgendwie so ca. gegen 13h00 da, und wir schauen mal, was es gibt.

Ich freue mich ja schon ... Bin ja mal gespannt, was sich alles verändert hat. Drei lange Monate ohne diese alte herrschaftliche Villa ... Oh man. Unglaublich, wenn man bedenkt, wieviel Zeit schon vergangen ist. „sentimental werd"

FREITAG 13h00!!! Bis denn ... Christophe

Dienstag, 8. April 2003 – 23:14

Oh man! Dir wollte ich eigentlich schon viel früher schreiben. Aber, wie es halt so ist. Kennst des ja ...

Habe mich tierisch über Deine lieben Worte am Freitag gefreut und ehrlich gesagt, die Mail auch zwei Mal gelesen, weil ich's einfach zu schön fand.

Mir geht's wahrlich besser. Es ist wirklich unglaublich, wenn man mal 2 Monate zurück denkt und dann auch noch die Zeit in diesem so genannten Einzelzimmer. Da habe ich im Nachhinein wirklich keine Fragen mehr. Wie krass und todesnah das wohl alles war und jetzt: Unglaublich. Heute war ich also im Krankenhaus und habe mich dort dem zuständigen Arzt vorgestellt, der halt darüber zu entscheiden hat, wie es weiter geht, ob ambulant oder stationär. Und als der mich dann heute Morgen gesehen hat, musste er wirklich 2 Mal nachfragen, ob ich auch der bin, den er auf seinen Unterlagen als Christophe Jansen beschrieben hatte. Seine Unterlagen waren halt noch die mit dem Stand von vor 1,5 Monaten und er konnte es kaum glauben, dass es mir schon so gut geht. Der hat sich halt gefreut und mir dann in dem Punkt auch zu verstehen gegeben, dass ich schon verdammtes Glück habe und dass wahrlich schon eine deutliche Besserung zu sehen ist, alleine an meinem allgemeinen Zustand. Daraufhin hat er mich dann zum Röntgen geschickt und zu einer Lungenfunktionsuntersuchung. Das Röntgenergebnis gibt's leider erst morgen, aber die Lungenfunktion: Kapazität vor ca. 2 Monaten lag bei 42 % und heute liegt sie schon bei 54 % (Normal: 80 %). D.h. eine deutliche Verbesserung. Selbst die Funktion der vorhandenen Kapazität ist im Normbereich.

FAZIT: Das Lungenvolumen ist zwar noch eingeschränkt, aber das, was vorhanden ist, scheint normal zu funktionieren. Und ein weiterer Rückgang ist wohl im Kommen.

Ist das alles nicht geil! – Trotz der ganzen schönen Nachrichten, muss ich Dir sagen, ist es für mich im Moment wahrlich nicht leicht. Selbst wenn die Heilung und mein Zustand so gut sind, ist es wirklich verdammt schwer, eingeschlossen zu sein, die Zeit zu vertrödeln, immer motiviert zu sein, daran zu denken, irgendwann mal vielleicht normal arbeiten zu können (evtl.), nicht zu wissen wie es weiter geht, jeden Morgen, Mittag, Abend Pakete an Medikamenten zu fressen, tausend Menschen die gleiche Geschichte zu erzählen, dabei immer guter Dinge zu sein, vor der Tür ein fast neues Auto zu haben und es nicht fahren dürfen, etc ...

Verstehe mich nicht falsch – ich habe jetzt keinen Depri oder so ... hatte jetzt nur gerade mal das Bedürfnis, das los zu werden.

... und was ich auch noch sagen wollte: Am Freitag – das war ja schon ein komisches Gefühl – aber auch so schön vertraut und bekannt. Ich hätte mich ja am liebsten im Studio 2 einfach mal an den Rechner gesetzt und mal so geschaut, was so alles auf der Platte ist, bzw. was man noch optimieren könnte etc ... So, wie früher halt. Komisch war halt, dass da ein anderer an MEINEM Arbeitsplatz saß, heul. Nein, Spaß beiseite – Du weißt schon was ich meine. Und ganz tief in mir sitzt auch eine Stimme, die mir sagt, dass WIR beide auch bald wieder zusammen arbeiten werden. Ich komm' doch von dem ganzen Technikkram net los und den SPOT-Haufen habe ich einfach viel zu gern, als dass ich Euch irgendwie verlassen könnte. Glaube mir, Ihr fehlt mir auch. Wie auch immer die Zukunft aussehen wird, ich gäb' alles, um bald wieder da zu sein.

Ich danke Dir zumindest für die warmen Worte am Freitag und Dein kontinuierliches Begleiten. Genauso dem Team. Es tut wirklich gut zu wissen, dass man noch irgendwo hingehört und weiß, dass man zurückkommen kann und nicht vergessen wird!!!

Bevor ich's vergesse: Morgen früh geht's um 8h00 mit der Chemo los. AMBULANT! Dauert ca. 2-3 Stunden und dann kann ich wieder heim. Am Donnerstag und Freitag genauso, nur, dass es dann wahrscheinlich nur 1-2 Stunden dauert. Am Freitagmittag ist dann alles gelaufen. Wahrscheinlich werde ich keine Nebenwirkungen haben (hoffentlich). Kann nur sein, dass ich die kommenden Tage nur schlafen werde. Aber: ALLES WIRD GUT!!!

Freitag 11. April 2003 – 11:55 – Christophe schreibt –

Endlich ist es soweit. Ich habe den 4. Zyklus hinter mir. Bin vor einer Stunde aus dem Krankenhaus raus. Und mir geht's erstaunlicherweise richtig gut. Keine Nebenwirkungen, bis auf einen nicht zu stillenden Fressreiz (der aber wohl vom Kortison kommt) mit dem man aber sollte leben können.

Es ist wirklich unfassbar! Aber GESCHAFFT!!! Wollte Euch nur mal an meiner Freude teilhaben lassen. Am Dienstag muss ich noch mal in die Klinik zum Blutabnehmen, Ultraschall und EKG. Das sind im Prinzip reine Routine-Untersuchungen, die nach gewissen Zeitintervallen anstehen. Vielleicht sagen diese ja auch noch mehr über meinen Zustand aus. Mal schauen ...

Und ihr wisst ja, wenn Ihr Fragen habt ...

Freitag 11. April 2003 – 18:11

Ich bin ja seit nunmehr anderthalb Wochen wieder zu Hause und konnte heute glücklicherweise meinen letzten Tag der 4. Chemo beenden. Erfreulicherweise sind überhaupt noch keine Nebenwirkungen entstanden, so dass es mir den Umständen entsprechend wirklich gut geht. Ich hoffe, Ihnen doch auch, bis auf, dass Sie einen fähigen Tonmann vermissen...

Gerne können Sie mich zu Hause unter meiner Privatnummer erreichen... (...natürlich nur, wenn es Ihre kostbare Zeit erlaubt!) Würde mich freuen, mal wieder was von meinem Papa und Lieblingskunden zu hören.

Dann wünsche ich nochmals ein schönes Wochenende und viele Grüße ans Team (die sind bestimmt schon alle wieder nach Hause gegangen...)

Montag, 14. April 2003 – 20:15

(In Antwort an einen Hilferuf)
Bin morgen früh im Krankenhaus, könnte aber auf dem Rückweg vorbeischauen. Melde mich einfach, sobald wir mit den Untersuchungen durch sind. Termin habe ich ab 10h00. Dann muss ich zum Blutabnehmen, 11h00 Sonographie und evtl. noch EKG. D.h. ich könnte mit meiner Mutter so gegen 12h30 oder so mal

vorbei schauen. Melde mich aber telefonisch noch mal von unterwegs.

Ich muss ja ehrlich sagen: AUF DIESEN MOMENT HABE ICH GEWARTET. Aber ich denke, dass das kein Problem ist. Es gibt eine Art Reparaturkonsole, die beim Neustart eingegeben werden muss. Diese habe ich schon am Media Rechner durchgeführt. Und der läuft ja immerhin auch noch bzw. wieder ☺

Also, bis morgen!!! Ich bin schon ganz heiß drauf!!!

Dienstag, 15 April 2003 – 17:28

Heute schaute ich mal im Studio vorbei ... und siehe da ... als ob der Osterhase schon da gewesen wäre ...

vielen Dank für die CDs.

Heute habe ich auf dem Rückweg vom Krankenhaus (Routineuntersuchungen) mal beim alten Team reingeschaut bzw. mal nach dem Rechten ...

Ergebnisse vom Krankenhaus: Wieder mal positiv. Glücklicherweise wieder ein Rückgang in der Lunge und auch an der Leber zu sehen, woraus sich schließen lässt, dass die Chemotherapie sehr gut angeschlagen hat. (JAWOLL!) Die Milz ist wieder auf Ihre Ursprungsgröße zurück, was sehr gut ist, da eine große Milz oft ein Zeichen für einen Infekt bzw. Krebs ist.

Also, Fazit: Man soll den Tag ja nicht vor dem Abend loben, aber man kann zumindest sagen, dass es ein sehr schöner Tag ist.

Die Ärzte sind im Moment sehr positiv überrascht und wir hoffen, dass wir nach der 6. Chemotherapie (in ca. 5 Wochen) mit einem Stillstand rechnen können. (Quasi Wunschziel)

Ja, das alles Mal kurz und knapp zusammengefasst.

Viele Grüße

der Herr Jansen ist bald zurück!!!

Kapitel 23

Mails an seine Freunde

KLASSENTREFFEN

Erst mal einen schönen Gruß an alle, die sich noch an mich erinnern können...

Leider werde ich es aus gesundheitlichen Gründen nicht zu dem Treffen schaffen können, würde aber allzu gerne daran teilnehmen, um die ganzen alten Gesichter mal wieder zu sehen. In Gedanken werde ich bei Euch sein und zumindest ein kleines Bierchen zeitgleich hier im Raum von Frankfurt konsumieren. Lustig finde ich aber immer wieder die Namensliste mit den alten bekannten Namen zu lesen und somit auch wieder die Erinnerungen an die jeweiligen Personen zu erhalten.

Also, hiermit viel Spaß an alle und PROST!!!

Freitag, 11. April 2003 – 00:45

Also, mir geht's gut. Vertrage die Chemo wirklich gut und habe bis auf ein bißchen Kopfkino und Müdigkeit überhaupt keine Probleme. (Natürlich den Umständen entsprechend)

Sonst, der Umbau ist los gegangen und wenn alles glatt geht, denke ich, können wir in 2 Wochen den Tatort im großem DOLBY Surround Ton schauen.

Schaumer mal ...

Laß' uns tel ... Ich habe heute morgen um 8Uhr die letzte Chemo und dann werde ich wahrscheinlich wieder zu Hause sein.

Freitag, 11. April 2003 – 12:44

Hast wohl heute mal wieder richtig Stress. Du Arme. Wenigstens eine von uns, die was für die deutsche Wirtschaft tut. Naja, ich tue ja auch was. Ich geb's Geld aus ... Heute sind die Boxen gekommen. FREUDE. Du kennst mich ja. Ich sitze hier schon begeistert und höre lautes Kino. Zwar noch in Stereo, aber gut Ding will Weile haben. Habe Dir daher mal eine kleine Dokumentation meiner neuen Lieblinge mitgeschickt.

Wenn Du Zeit findest, meld Dich mal bei mir. Bin zu Hause. (Hoffentlich höre ich das Telefon ...)

Dienstag, 15. April 2003 – 00:13

Habe heute den ganzen Tag geschlafen. War mal bitter nötig. Habe auch wieder die halbe Nacht vor dem Netz gesessen. Naja, heute geht's ins Krankenhaus und anschließend ins Studio. Die haben ein Problem und mich gebeten mal vorbei zu schauen. Ist ganz gut. Dann kann ich mal hallo sagen und auch mal nach dem Rechten schauen. Ich bin dann zu Hause ab 16h00 und warte dann auf Dich. Schon aufgeregt? Also, falls ich nichts mehr von Dir hören sollte, sehen wir uns dann heute Abend ...

PS: Das mit Freitag Museum muß ich noch mal schauen. Laß uns am Donnerstag entscheiden, ob ja oder nein. Muß mal schauen. Bin z.Zt. extrem müde und die Lunge ist nicht so belastbar, wie ich dachte. Aber ich denke, daß sich der Zustand am Freitag einigermaßen erholt hat.

Dienstag, 15. April 2003 – 00:20 – Erheiterung zum Wochenende –

Deine Filme habe ich schon fast durch. Bin aber auch wieder seit 2 Wochen zu Hause. Das tut echt gut. Bald ist auch mein Zimmer bei meinen Eltern fertig, so dass ich meinen eigenen

Kram wiederhabe, normal fernsehen kann und meinen eigenen Telefonanschluß wiederhabe. ENDLICH. Danke der Nachfrage, aber hier geht's mir wirklich gut und ich habe noch genug DVDs etc. zu sehen und endlich wieder Internet, so dass der Langeweile-Faktor wirklich gesunken ist ...

Auch wenn Dein Wochenende scheiße war –. genieß die Woche – das Wetter ist immerhin schön!

Dienstag, 22. April 2003 – 23:41

(Kontaktwiederaufnahme nach Jahren)

Ich musste wieder zu meinen Eltern ziehen (seit März) aufgrund von Krebs, der bei mir im Januar diagnostiziert wurde. Mache im Moment eine Chemotherapie und bin guter Dinge. Tut mir leid, dass Du das jetzt so erfahren musst, aber warum drumherum reden. Ich bin auf jeden Fall guter Dinge und seit 6 Wochen geht's mir auch wieder relativ (den Umständen entsprechend) gut. Die ersten 3 Monate in diesem Jahr habe ich im Krankenhaus verbracht und bin daher auch richtig froh, bei meinen Eltern zu wohnen. Naja, wird schon!

Mittwoch, 23. April 2003 – 23:34

(Folge vom 22. April)

Ja, ich fand's auch doof, Dir das so mitteilen zu müssen. Auf der anderen Seite, warum soll ich es verheimlichen, wenn mich jemand nach meinem Gemütszustand fragt. Und ich muss auch sagen, dass ich mich schon relativ gut damit abgefunden habe, so dass es mir auch nicht mehr so schwer fällt darüber zu reden bzw. es den Leuten mitzuteilen. Es ist auf jeden Fall unglücklich, nach so einer langen Zeit, genau so etwas von dem anderen zu erfahren. Das stimmt schon. Aber unabhängig davon, würde ich mich auch wirklich freuen, mal wieder was von Dir zu hören.

Ich habe kommende Woche wieder eine Chemotherapie anstehen, die sich über 3 Tage hinzieht. D.h. von Dienstag bis Donnerstag. Und normalerweise vertrage ich diese auch ganz gut, hat nur meistens zur Folge, dass ich supermüde werde und ich die meiste Zeit auch im Bett verbringe, bzw. zu Hause auf der Couch. Mal schauen. Aber vielleicht können wir ja dann mal nach dieser Chemo telefonieren oder uns auf ein Tässchen Kaffee treffen oder so ... Würde mich freuen.

Freitag, 25. April 2003 – 12:09 – Re: Offene Fragen fürs Wochenende –

NEIN – es geht!?!?!?!!
Eine E-Mail von Dir. Ich bin begeistert. Ich glaube, dass ist die erste E-Mail, die ich von Dir empfangen habe. Genial. Also, erst mal danke der Nachfrage – ja, mir geht es gut ;-)))

Opel Zoo ... Hmm ... Was hältst Du denn vom Wochenende vom 3-4 Mai??? Wenn's Wetter einigermaßen mitmacht, sieht das nämlich ganz gut aus. Wobei ich sagen muss, dass es im Moment so mit der Kondition eher in den Keller geht, da ich versuche vom Kortison runter zu kommen und das quasi mehr so voll auf die Pumpe geht. D.h. alles wird wieder ein bisschen anstrengender. Aber, wenn wir wieder langsam machen ... Dann geht alles!!! Dieses Wochenende bekomme ich wieder mal Besuch aus München. Und das Wetter wird eh nicht so gut. Also, wir schauen mal ...

Montag, 28. April 2003 – 01:28

Ja, mir geht's eigentlich ganz gut. Hatte ein ziemlich volles Wochenende und bin eigentlich ganz froh, dass jetzt wieder mal eine ruhige Woche beginnt. Bin ziemlich platt und müde wieder mal. Am Wochenende war Jan mit seiner Freundin da, so dass wir viel unterwegs waren. Nicht, dass wir Anstrengendes unternommen haben, aber das ständige Unterwegssein, geht schon auch gut auf die Batterie. Heute war noch ein ehemaliger Klassenkamerad aus Tokio da, der gerade weg ist. Und jetzt ist so endlich mal der Moment, an dem ich die Füße hochlegen werde und einfach mal vor dem Fernseher schielen werde. Hmm ... Genial. Am Mittwoch geht's dann mit der nächsten Chemo weiter. Bis Freitag. D.h. ich werde den Rest der Woche wahrscheinlich auch im Bett verbringen, da das immer relativ müde macht. Aber nun gut – was muss – das muss! Hatte auf jeden Fall eine schöne Zeit, auch wenn's jetzt so super anstrengend klingt.

Ach ja – mein Zimmer unterm Dach ist so gut wie fertig. Die Handwerker müssen jetzt nur noch einmal kommen, dann war's das. Genial. Ich wohne jetzt schon seit Freitag hier drinnen und es ist einfach schön geworden. Das Einräumen ist halt noch mehr so provisorisch, aber es wird ...

Montag, 28. April 2003 – 01:37

Ja, hatte viel um die Ohren. Meine Eltern haben mir mein neues Zimmer hier unterm Dach machen lassen, und das ist am Freitag einzugsfertig geworden. Also bis auf ein paar Feinheiten ist es soweit in Ordnung, so dass ich den Freitag komplett mit Sachen einräumen etc. verbracht habe und mein Computer auch nicht angeschlossen war. Ja, und am Wochenende kam Jan mit seiner Freundin aus München und wir haben das Wochenende zusammen verbracht. Also, so ruhige Ausflüge, wie zum Beispiel in ein Café oder draußen in der Sonne sitzen etc.. Das nimmt halt auch immer ziemlich viel Zeit und auch Energie in Anspruch, tut aber der Seele immer wieder gut. Jan ist ein ganz Treuer. Seit- dem es mich so erwischt hat, kommt er fast alle 2 Wochen von München nach Frankfurt, um mich zu besuchen. Genial. Also, wie Du feststellen kannst, hat der Kontakt zwischen uns beiden nicht abgenommen.

Am Mittwoch geht's mit der Chemo-Therapie weiter. Dann fahre ich früh hin, lasse mir die Therapie intravenös einlaufen und dann wieder nach Hause. Das Ganze dann 3 Tage lang und dann ist auch wieder ein Zyklus abgeschlossen. Und in 3 Wochen kommt dann der nächste. Das, am Mittwoch, ist der 5. Zyklus und insgesamt gibt es 6. So, dass ich es bald geschafft haben werde. Nach dem 6. muss man dann mal schauen, wie sich alles entwickelt hat. Vielleicht ist es dann zu einem Stillstand gekommen, was wünschenswert wäre. Dann müßte ich nur noch ein paar Untersuchungen über mich ergehen lassen so alle paar Monate. Falls nicht, wird eine neue Chemotherapie zusammengestellt, die dann nach einer kurzen Pause für meinen Körper, fortgesetzt wird. Prognosen gibt es aber im Moment keine, so daß man wirklich nur hoffen kann.

Auf jeden Fall werde ich die Woche viel schlafen, da das immer super anstrengend für den Körper ist.

Montag, 28. April 2003 – 02:01

Jetzt schreibst Du mir, glaube ich, schon das zweite Mal, und ich habe alleine vom ersten Nichtantworten noch ein schlechtes Gewissen. Naja, jetzt hast Du es also auch schon mitbekommen. Ja, am 14. Januar habe ich nach einer CT mitgeteilt bekommen, dass ich Krebs habe. Am 15. Januar ging's dann auch gleich ins Krankenhaus für ca. 3 Monate. War eine ziemlich heftige Zeit. War alles ziemlich knapp und heftig. Mitte Februar war die Situation sehr kritisch, hat sich aber dann nach längerem Kämpfen zum Glück wieder einigermaßen eingerenkt. Naja, jetzt bin ich seit ca. 3–4 Wochen wieder zu Hause. Mein

Zustand hat sich einigermaßen stabilisiert und ich kann den Umständen entsprechend ein fast normales Leben führen. D.h. meine Lungenkapazität ist sehr eingeschränkt, so dass ich auch körperlich gesehen kaum was machen kann. Alles langsam angehen und die Muskeln wieder aufbauen, die ich während der 3 Monate Krankenhaus verloren habe, und dann geht's ...

Ja, und am Mittwoch geht's mit der Chemo-Therapie weiter. Das ist dann schon der 5. Zyklus. Insgesamt mache ich 6 Stück. Das Schöne ist, das die Therapie sehr gut angeschlagen hat. Viele Ärzte sind von meinem Zustand sehr begeistert. Was ein Glück. Aber leider kann ich meine Lage nicht wirklich schön reden. Ich nehme eine ziemlich große Menge an Schmerzmitteln und der Befall von Metastasen in meinem Körper ist ziemlich weit fortgeschritten, so dass man nicht mehr von einer Heilung sprechen kann, sondern nur noch hoffen kann, dass es zu einem Stillstand kommt. Ja, und die nächsten Untersuchungen werden nach der 6. Chemotherapie stattfinden, d.h. so ca. in 6 Wochen. Aber wie heißt es so schön: Nicht aufgeben und kämpfen!!!

Ich wäre auch gerne zu dem Klassentreffen gekommen, aber leider geht das gesundheitlich noch nicht. Meine Lunge ist noch zu empfindlich, als dass ich sie einen ganzen Abend Rauch und Kneipenluft aussetzen könnte. Und Saufen kann ich leider auch noch nicht. Wobei ich ja schon mal wieder Lust hätte, mich mal wieder so richtig abzuschießen. Lange ist's her ...

Aber das holen wir hoffentlich mal bei Gelegenheit nach.

Kapitel 24

Das Leben

Das Leben nimmt wieder seinen Lauf. Wir richten uns in unserem Leben neu ein. Wir haben wieder Zukunftsprojekte. Oh! Keine große Zukunft sicherlich, aber dennoch atmet Christophe wieder auf.

Zuhause hat Christophe endlich das kleine Gästezimmer verlassen, um in „sein" frisch renoviertes Studio einzuziehen. Wir vier organisieren seinen Einzug. Christophe weiß, was er will. Er hat schon so lange davon geträumt: In dieser Ecke das Bett. Da, vor dem Fernseher, das Sofa mit dem Wohnzimmertisch. In dieses Regal die DVDs, die CDs, die Videos, die Minidisks und andere Träger, die heute noch für mich ein Rätsel sind. Das Schwierigste bleibt aber noch zu tun. Die ganze Technik. Das Telefon. Der Computer und all die verwandte Technik. Seine Schwester ist eine wertvolle Hilfe, denn sie kann hinter die Gerätetürme kriechen, um das Ganze zu verkabeln. Wir machen alles so, dass es das schönste Leben der Welt ist. Es wird keine große Reise geben, wie man es sich so oft vorstellt. Nein! Denn dafür ist sein Gesundheitszustand zu schwach. Das Wichtigste ist, Glück zu finden.

Ein neues Leben fängt an. Es gibt noch Einiges zu regeln, zu managen und zu organisieren.

Zuerst sein Auto. Wie alles, was er besitzt, ist es sehr gepflegt und jeder kleine Fehler ärgert ihn. Er verträgt nicht, wenn es nicht einwandfrei ist. In seiner seelischen Verfassung meint er, dass seine Zukunft zu Ende sei und er überlegt, es zu verkaufen. Die zahlreichen Medikamente erlauben es ihm nicht, sich hinter das Steuer zu setzen. Wozu sollte er das Auto also noch behalten? Mit Hilfe seines behandelnden Arztes gelingt es uns, diesen Schritt zu verhindern, den er später bereut hätte. Man darf nicht mit allem brechen, sondern muss eher die Hoffnung behalten.

Danach die Medikamente. Da es ihm wesentlich besser geht, ist es Zeit, die Dosierung herunterzusetzen. Wir sprechen mit dem Onkologen bei der nächsten Chemo. Dieser Kontakt alle drei Wochen ist die einzige medizinische Betreuung, die wir haben. Wir kommen sonst alleine zurecht. Das Verschwinden mancher Symptome bringt eine „höhere Lebensqualität" mit sich. Ich höre ihn noch, wie er gegen diese Ausdrücke rebelliert: Von Lebensqualität wird nämlich meistens nur dann gesprochen, wenn diese bereits eingeschränkt ist.

Eine gute Neuigkeit, eine exzellente Neuigkeit! Die Ärzte hatten zwar nie das Autofahren verboten, aber die Beipackzettel erwähnen eine gewisse Vorsicht. Erfreulicherweise habe ich im Internet, die für sein Glück wesentlichste Information gelesen: Er darf fahren.

Sein Leben folgt dem Rhythmus der Chemo: Drei Tage, alle drei Wochen. Inzwischen, je nach körperlicher Verfassung, fährt er mit seinem kleinen Wagen spazieren. Er pflegt ihn. Nun denkt er wieder daran zu arbeiten. Er organisiert sich. Im September will er ein paar Stunden pro Tag arbeiten können. Sein Arbeitgeber wartet auf ihn. Seine fünf Kollegen sind immer für ihn da gewesen. Wenn er kann, besucht er sie. Sie sind wie eine zweite Familie für ihn.

Die vierte, die fünfte und die sechste Chemo werden ambulant verabreicht. Er fährt selbst und ich begleite ihn. Nachmittags gehen wir manchmal Kaffee trinken im Taunus. Er hat nicht viel Energie und kann nur einige Schritte machen. „Egal!" La vie est belle! Wir lassen uns mitreißen. Er bewundert die Schönheit der grünen Landschaft, unsere hübsche Region.

In meinem Herzen fühle ich mich mit meiner Traurigkeit allein mit seinem Vater. Die Anderen: Freunde und Familie können oder wollen die traurige Realität nicht hinnehmen. Sie glauben noch daran! „Es geht ihm doch gut!"

Der Zyklus der sechs Chemotherapien ist beendet. Die Untersuchungen bestätigen die schon Mitte des Zyklus festgestellte Verbesserung. Leider fällt die Waage „Vorteil-Risiko-Abschätzung" nicht zugunsten einer weiteren Chemo aus. „Was können wir denn jetzt überhaupt tun, Herr Doktor?" Der Arzt antwortet vorsichtig: „Kontrollen werden in regelmäßigen Abständen stattfinden. Wir müssen warten."

Worauf muss man warten? Auf einen Rückfall? Wir können und wollen es nicht fassen. Der Arzt erklärt uns, dass er nichts mehr machen kann. Wenn die Krankheit das alltägliche Leben so sehr einschränkt, will man aktiv kämpfen können und nicht abwarten, bis dieser „Gierige" noch mehr von einem verschlingt. Nein! Es ist undenkbar! Ich habe meine Entscheidung getroffen: Da es ihm besser geht, können wir etwas unternehmen, was wir bis jetzt nicht haben machen können.

In dieser Situation ist es leicht, Zuflucht in der Parallelmedizin zu suchen. Das würde heißen, aktiv zu bleiben und nichts unversucht zu lassen. Wir machen wohl ein paar Extras, aber immer mit der Zustimmung des behandelnden Arztes.

Im Laufe meiner Recherchen habe ich Informationen über weitere Behandlungen gefunden, die in unserem Land noch nicht verbreitet sind. Wir werden weiter kämpfen. Meine Entscheidung seht fest: Da es Christophe besser geht, ist es Zeit, Weiteres zu unternehmen, was wir in unserer Not am Anfang der Erkrankung nicht machen konnten. Wir werden den Facharzt besuchen, mit dem ich mich unterhalten hatte.

Zuerst wenden wir uns aber den Knochenmetastasen zu. Dafür gibt es wohl ein Mittel, das er schon im Februar bekommen hatte. Aufgrund seines schlechten Zustands hatten die Ärzte es nicht für notwendig gehalten, diese Behandlung weiterzuführen. Schon mehrmals hatte ich versucht, dieses Mittel wieder zu bekommen, aber ohne Erfolg. Jedes Mal hatten die Ärzte sich taub gestellt. Da es ihm aber wieder besser geht, ist der Arzt jetzt einverstanden. Für Christophe ist es ein harter Schlag, wahrnehmen zu müssen, dass die Ärzte ihn einige Monate vorher schon aufgegeben hatten.

Danach suchen wir den Endokrinologen auf, der Christophe betreuen könnte. Dank der Selbsthilfegruppe lernen wir einen Arzt kennen, der uns zu einem der zwei Krankenhäuser schickt, die uns am Anfang telefonisch unterstützt haben. Vorteilhaft ist, dass das Krankenhaus nicht so weit entfernt ist. Wir bekommen einen Termin in zweieinhalb Monaten.

Eine zu lange Wartezeit für uns. Da es keine Zeit zu verlieren gibt, verordnet der Endokrinologe eine neue Behandlung zur Probe. Diese Behandlung bedeutet weitere Spritzen, die sich zu vorhandenen addieren. Christophe lernt sich zu spritzen, unterstützt von seinem Freund, der sich aufgrund von Diabetes auch spritzen muss. Wegen zu starker Nebenwirkungen muss das Mittel jedoch abgesetzt werden.

Wir haben zweieinhalb Monate vor uns! Zeit, die Tabletten, Spritzen und Pflaster zu vergessen. Wenigstens im Kopf, denn sie sind bereits lebensnotwendig für ihn. Dennoch entspricht es zweieinhalb Monaten Freiheit, zumindest nach seiner Auffassung. Sicherlich muss er in dieser Zeit in die Kur, aber das bringt er auch noch hinter sich.

Danach wird gefeiert.

Kapitel 25

Mails

Sonntag, 4. Mai 2003 – 22:18

Bei mir ist alles in Ordnung. Habe am Samstag meine DSL/Computer/Telefon-Technik neu verkabelt und saubergemacht etc. Es findet sich immer was zum optimieren (!). Ach ja, und am Samstag kam auch per Post das Gerät von dem ich Dir erzählt habe.

Ja, am Sonntag, also heute, habe ich – trotz des schönen Wetters – den ganzen Tag im Bett verbracht. Die Chemo lässt grüßen! Bei mir ist wirklich alles in Ordnung, nur die Müdigkeit hat sich mal wieder gemeldet. Jetzt schaue ich noch mal kurz TV und gehe wieder ins Bett. Morgen um 8:00 kommen die Handwerker und machen hoffentlich den Raum hier endgültig fertisch. (Schaumer mal ...)

Dienstag, 6. Mai 2003 – 16:53

Bin gerade wieder aus einem meinem Schönheitsschläfchen aufgewacht.

Mittwoch, 7. Mai 2003 – 22:32

Bin im Moment nur am Pennen. Das geht mir sooooo auf die Nerven. Ich wache morgens auf – und bin müde. Selbst, wenn ich aufstehe und mich zwinge – nichts zu machen. GÄHN!!! Heute habe ich Kabel zusammengelegt und sortiert etc. Ich bin mittendrin eingeschlafen. Das ist echt unglaublich. Und das geht mir so auf die Nerven, das glaubst Du gar nicht. Aber, wir haben nachgelesen und es heißt, dass je mehr Chemos man drinnen hat, desto mehr ist man für solche Müdigkeitsanfälle anfällig. Die dauern dann meistens so 10-12 Tage nach Zyklusbeginn an. Also, noch ca. 1 Woche pennen. Oh man! Ich bin nur beruhigt, dass das wenigstens „normal" ist und nicht nur bei mir auftritt.

Also, viel mehr Neues gibt's sonst auch nicht. Wie auch???? Ich penn ja nur. GÄHN ...

Dienstag, 13. Mai 2003 – 00:53

Mach Dir keinen Kopf!!! Ich bin im Moment eh' ein bißchen auf dem Ruhe-Trip, bzw. nur noch am Schlafen und Ausruhen. Die Chemo-Nebenwirkungen machen sich zurzeit wirklich deutlich bemerkbar. Schlafen, Rumhängen und lustlos durch den Tag kommen. Klingt nicht wirklich gut, ist aber wohl normal. Dieses Syndrom nennt man wohl „Fatigue". Mal schauen. Soll aber auch nach ein paar Tagen wieder vorbei sein.

Aber so insgesamt gesehen geht's mir wirklich gut. Bis auf das ständige Pennen ist alles OK. Ich räume im Moment mein neues Zimmer hier unterm Dach ein und komme so zu kleinen Tätigkeiten, die ich mir sonst so seit Monaten vorgenommen habe und dann doch nie gemacht habe.

Kurzer Status Quo: Ergebnisse gibt's erst 2-3 Wochen nach der 6. (und auch letzten Chemotherapie), die am 21. Mai losgeht. D.h. wir rechnen so Mitte Juni mit Ergebnissen. Hoffentlich! Diese werden auch sehr viel über meine Zukunft für das restliche Jahr aussagen. Ich bin ja mal gespannt und natürlich auch aufgeregt.

Na ja ...

Dienstag, 13. Mai 2003 – 15:27

Aber wie heißt es so schön: Es hat nicht sollen sein und das Leben geht weiter ... (glaube mir – diese Sprüche – ich kenne sie alle!)

Mir geht's, körperlich gesehen, eigentlich ganz gut. Das einzige, was im Moment ein wenig nervt, ist die ständige Müdigkeit und die daraus resultierende Antriebslosigkeit und die mangelnde Motivation irgendwas zu tun. Ziemlich anstrengend. Selbst nach langen (12Std.) Nächten, wache ich morgens auf und bin immer noch müde. Wenn man sich dann zwingt trotzdem aufzustehen und etwas zu machen, hört das Gähnen nicht auf. Naja, glücklicherweise ist das auch eine bekannte Nebenwirkung, die sich „Fatigue" nennt. Es heißt, dass je mehr Chemotherapien man hinter sich hat, desto heftiger werden diese Müdigkeits-Anfälle. Und angeblich halten diese auch so um die 10-14 Tage nach der Chemo an.

Aber eigentlich kann ich ja nicht klagen. Wenn man bedenkt, wie gut ich den Rest vertrage und dass ich das Glück habe, bei meinen Eltern zu sein und mein kleines Reich jetzt auch langsam ausgebaut und fast fertig renoviert ist. Ich weiß nicht, ob ich es Dir erzählt habe, aber meine Eltern haben mir das ganze 1. Stockwerk zur Verfügung gestellt und auch extra für mich noch ausbauen lassen. Die Bauarbeiten sind auch fast fertig, so dass ich ein kleines neues Reich für mich bekommen habe, in dem ich mich so langsam richtig wohl fühlen kann. Einziger Haken: Ich muss wieder lernen, wie es ist, mit den eigenen Eltern unter einem Dach zu leben. Stichwort: Gemeinsame Mahlzeiten etc ... Ich denke, Du weißt, was ich meine. Aber eigentlich kann ich ja nicht klagen ...

Ja, noch eine Woche, dann geht's mit der letzten Chemo los. Die Spannung steigt. Vor allem muss ich dann nach dieser so ca. 2-3 Wochen warten und dann machen wir alle Untersuchungen, die uns dann verraten, was die gesamte Therapie gebracht hat. Ob es nun zu einem Stillstand gekommen ist, oder ob die Metastasen noch aktiv sind oder, oder, oder ... Jedenfalls werden diese Untersuchungsergebnisse mir viel über die anstehende

Zeit sagen können. Es kann halt sein, dass, wenn immer noch Aktivität besteht, dass eine neue, andere Chemotherapie begonnen werden muss oder dass, wenn es zu einem Stillstand gekommen ist, ich nach einer REHA, wieder arbeiten gehen kann. Spannung!

Donnerstag, 15. Mai 2003 – 13:08 – ein kleines Lebenszeichen –

(An seinen behandelnden Arzt)

Jetzt habe ich schon so lange nichts mehr von mir hören lassen und mich plagt mein schlechtes Gewissen. Wollte nur noch mal was von mir hören lassen. Nicht, dass Sie den Eindruck bekommen, dass sobald es mir wieder gut geht, ich unseren gemeinsamen Marathon vom Anfang des Jahres vergessen habe ...

Nein, Spaß beiseite. Kommende Woche, Mittwoch, geht's dann bei mir weiter mit meiner sechsten, aber auch letzten Chemotherapie. Vor der habe ich keine Bedenken, da sich die Nebenwirkungen der letzten beiden auch wirklich in Grenzen gehalten haben. Ein wenig unruhig werde ich dann nur bei dem Gedanken, dass daraufhin dann die Untersuchungen folgen werden, die im Prinzip dann auch das Gesamtergebnis der Therapie ans Tageslicht bringen werden. Die Untersuchungen sind im Moment auf Anfang/Mitte Juni terminiert. In Absprache mit Herrn Dr. K. aus der Onkologischen Ambulanz werden wir dann wohl eine Sonographie und eine CT oder MRT machen, um dann, abhängig vom Ergebnis, zu sehen wie weiter verfahren wird. Ich bin ja mal gespannt ...

Mit der Reduktion der Schmerzmittel habe ich auch schon angefangen. So konnte ich mich schon komplett von einem trennen, als auch die Dosis vom einem anderen reduzieren (auf 3 X 20 Tropfen/Tag). Leider habe ich im Moment immer noch die gleiche extreme Dosis der Schmerz-Pflaster, da die Ärzte sich bisher noch nicht getraut haben, die Dosis zu verringern. Ich denke mal, dass wir nach der letzten Chemo auch diese Dosis verringern werden. Hoffentlich! – Kortison habe ich auch von 100mg/Tag auf 50mg/Tag reduzieren können. Tja, das ist im Moment so der Stand der Dinge.

Und so rein vom Kopf her, muss ich sagen, geht's mir eigentlich ganz gut. Seit der letzten Chemo habe ich, bis auf ein paar kleine Nebenwirkungen, nichts wirklich Ernstes gehabt. Das einzige, was mir schwer zu schaffen gemacht hat, ist wohl dieses „Fatigue"-Syndrom, welches meinen Schlafrhythmus als auch meine Laune komplett durcheinander gebracht hat. Das hatte zur Folge, dass ich nachts nicht mehr wirklich schlafen konnte, tagsüber todmüde war und einfach nur schlecht gelaunt und aggressiv war. Nicht angenehm. Aber das ist zum Glück wieder besser geworden. Ich habe irgendwo im Internet gelesen, dass das wohl eine bekannte Nebenwirkung sei, und diese meistens nach 10-12 Tagen nach der Chemo nachlässt – und so war es auch. Sonst, muss ich sagen, ist eigentlich alles in Ordnung. Natürlich der Umstände entsprechend, aber ich bin ja ein positiv denkender Mensch!

Abschließend muss ich noch erwähnen, dass es mir einfach wichtig ist, Ihnen Bescheid zu geben, wie es mir geht und wie der Stand der Dinge ist, da ich mich bei Ihnen in der doch sehr kritischen Anfangsphase gut aufgehoben gefühlt habe und ich den Eindruck hatte, dass Sie einer der wenigen Ärzte sind, bei denen man als Patient mehr als nur eine Nummer ist. Hierfür nochmals vielen Dank.

Donnerstag, 15. Mai 2003 – 13:33

Ich kann im Moment, den Umständen entsprechend natürlich, nicht klagen. Mein kleines Reich, hier im Haus der Eltern im ersten Stock ist fast fertig gestellt und schon richtig wohnlich geworden. Das Laminat liegt schon komplett und die Einbauschränke sind auch fast (90 %) fertig gestellt. Jetzt habe ich quasi fast das gesamte 1. Stockwerk für mich. D.h. ein Badezimmer und ein riesengroßes Zimmer, in das ich alles reingepackt habe, was ich (bis auf Küche) in meiner alten Wohnung in Bad Homburg so verstaut hatte.

Es ist auf jeden Fall wieder richtig angenehm, ein eigenes Reich zu haben, eine Tür zu haben, die man zumachen kann, wenn man alleine sein will und nicht gestört werden will. Sehr schwer fiel mir nämlich die letzte Zeit im Palliativ-Hospital, als andauernd irgendwelche Menschen in mein Zimmer kamen und den ganzen Tag irgendetwas von mir wollten. Sei es der Abendessenwunsch, die Tabletten, die Putzfrau, die morgendliche Visite etc ... Ich hoffe Du verstehst, was ich meine. Ich habe hier zu Hause meine Privatsphäre wieder! Genial.

Ja, ansonsten, haben die Nebenwirkungen der letzten Chemotherapie auch nachgelassen. Viele hatte ich nicht wirklich, aber so 2–3 Kleinigkeiten machten sich schon noch bemerkbar, wie zum Beispiel Nasenbluten, trockene Haut am ganzen Körper, Taubheit in den Beinen. Die schlimmste Sache, war das so genannte „Fatigue"-Syndrom, welches meinen Schlafrhythmus total durcheinander gebracht hat und mich sowohl nachts als auch tagsüber nicht wirklich hat schlafen lassen und ich somit zu müde für irgendwelche Tätigkeiten war, aber auch nicht müde genug zum Schlafen. Resultierend aus diesem Zustand war ich dementsprechend gereizt, als auch aggressiv und schlecht gelaunt. Saublöde Situation, weil ich dann auch immer die Menschen in meinem Umfeld angefahren habe, obwohl ich das gar nicht so gemeint habe, bzw. ich kann's dann in dem Moment nicht verhindern, rege mich auf und stelle dann im Nachhinein fest, dass das wieder total sinnlos war. Na ja, seit ein paar Tagen kann ich wieder besser schlafen und dieser Zustand hat sich auch gebessert. Was ein Glück!

Nächste Woche Mittwoch geht's dann wieder weiter mit der 6. und auch letzten Chemotherapie. Dann, 2-3 Wochen später, folgen die abschließenden Untersuchungen, die uns dann auch Aufschluss darüber geben, wie der Status Quo ist und wie weiter zu verfahren ist. Ich bin ja mal gespannt. Wenn wir Glück haben, ist es zu einem Stillstand gekommen. (Das wäre wünschenswert!) Wenn nicht, besteht immer noch Aktivität, was zur Folge hätte, dass eine neue Mischung von Chemotherapie zusammengestellt werden müsste und diese dann nach einer kurzen Erhol-Pause für den Körper begonnen werden müsste. Schauen wir mal. Wir sind aber alle guter Dinge. Man darf die Hoffnung nicht aufgeben, was nach so einer langen Zeit immer leicht gesagt ist, aber Grundvoraussetzung für einen positiven Verlauf ist.

Mittwoch, 21. Mai 2003 - 16:05

Vielen Dank der guten Worte. Ja, habe heute meinen ersten ChemoTag des vorerst letzten Zyklus hinter mich gebracht. Was ein Glück. Jetzt hänge ich so zu Hause rum. Bin ja auch um 6:30Uhr aufgestanden und bin dann dementsprechend auch aus meinem gewohnten Rhythmus rausgezogen worden. Aber, das wird schon. Ich denk, dass jetzt dann auch erst mal wieder 10-12 Tage Müdigkeit folgen werden, aber hey: Vielleicht sind das ja auch die letzten. Bin mal gespannt. In ca. 2-3 Wochen gibt's ja die Untersuchungen, die dann endlich aussagen, ob und wie sich das alles gelohnt hat ...

Dann noch mal zu dem Computer und dem Internet. Du bist ja auch ein guter Schüler! Wobei es halt auch immer wichtig ist, dass die, die etwas lernen wollen auch akzeptieren, dass man eins nach dem anderen lernen muss. Du hast jetzt erst mal das Surfen und das E-Mailen gelernt. Demnächst gehen wir dann noch mal einen Schritt weiter und Du wirst sehen, dass Du dann irgendwann auch Deine eigene Ware selber bei E-Bay versteigern kannst. Ist nur eine Frage der Zeit, sage ich immer. Aber da mache ich mir doch bei Dir keine Sorgen ... Zumindest bin ich stolz auf Dich. Da haben wir doch 2 Welten zusammen gebracht: Jochen und Computer!!!

Also, werde mich jetzt wieder auf meine Couch legen und mir noch einen Film oder ähnliches reinziehen. Find's auf jeden Fall total geil, dass Du soviel Freude am E-Mailen findest. Das macht halt auch einfach Spaß!!

Mittwoch, 21. Mai 2003 – 16:35

Habe heute meinen ersten Chemo-Tag vom letzten (sechsten) Zyklus gehabt. Alles in Ordnung. Ist trotzdem ein komisches Gefühl. Bin froh, wenn die ganze Sch... bald rum ist. Na ja – alles wird gut!

Donnerstag, 22. Mai 2003 – 13:41

Bin wieder zurück aus der Klinik. Hatte heute ein etwas ernüchternderes Gespräch mit dem Arzt. Werde mich jetzt erst mal auf die Couch legen und mal abschalten. Ist im Moment ein bißchen viel an Gedanken etc. zu sortieren und verarbeiten ...

Donnerstag, 22. Mai 2003 – 13:53

Jetzt komme ich gerade vom Krankenhaus-Klinik wieder und habe mir meine heutige Portion Chemo abgeholt. Oh man. Das ist alles gar nicht so einfach. Wir haben heute im Anschluss ein Gespräch mit dem Arzt geführt, der eigentlich, kurzfristig gesehen, guter Dinge ist, aber als wir dann wissen wollten, wie es denn mit der Zukunft aussieht, konnten wir zwischen den Zeilen heraus feststellen, dass meine Krankheit eigentlich ziemlich heftig ist und ich mich doch erst mal nicht mehr aufs Wieder-Arbeiten fixieren sollte, sondern eher die Zeit genießen, die mir noch bleibt ... D.h. er meint, dass ich auf kurz oder lang gesehen wieder im Krankenhaus landen werde und die Krankheit wieder ausbrechen wird. Wie oder wann kann er nicht sagen, aber das war wohl seine ehrliche Meinung. Hmm ... was soll man davon halten? Es ist auf jeden Fall ziemlich demoralisierend, muss ich sagen. Und ich muss sagen, dass es im Moment auch ziemlich schwer fällt, zu allen Situationen, bzw. Prognosen etc eine gute Laune an den Tag zu legen. Kurz gesagt: Ich habe jetzt im Moment so ein kleines Tief – welches bestimmt auch bald wieder vorbei geht. Es ist halt schwer mit der Realität klar zu kommen, wenn einem offenbart wird, wie aussichtslos es doch eigentlich aussieht. – Jetzt kriegst Du alles ab, weil Du jetzt der Erste bist, dem ich das „erzähle" seit dem ich aus dem Krankenhaus zurück bin. Warte mal 2-3 Tage ab – dann geht's mir wahrscheinlich wieder besser oder ich bin immer noch im Tiefschlaf.

Freue mich auf jeden Fall schon für Dich bzgl. Deines Urlaubs. Genial. Wo geht's denn hin? Sobald ich wieder fahren darf – wenn überhaupt – werde ich auch sofort hinters Steuer steigen und mal ein paar 100km durch die Gegend fahren, um mal ein bisschen Freiheit zu spüren. Vielleicht nicht ganz so das gleiche wie auf dem Bock, aber mit dem Lupo macht's auch Spaß!!!

Mach Dir um mich keine Sorgen. Meine Laune wird schon wieder. Ist halt schwer immer gute Laune an den Tag zu legen (vor allem in meiner Situation). Aber es wäre unehrlich, wenn ich immer nur guter Dinge wäre.

Heute habe ich wieder mal einen ChemoTag hinter mir. End-lich. Oh man, ich bin ja froh, wenn der morgige Tag rum ist. Ich muss sagen, dass die Konfrontation diese Woche mit den ande-ren Patienten mir nicht so leicht gefallen ist, wie die anderen Male. Vielleicht liegt das auch daran, dass ich weiß, dass das voraussichtlich meine letzte Chemotherapie sein wird.

Heute hatte ich leider ein ziemlich ernüchterndes Gespräch mit dem Arzt, der uns nach längerem Quengeln und Betteln doch eine Art von Prognose abgab. Er gab uns durch die Blume zu verstehen, dass ich doch nicht hoffen sollte, wieder arbeiten zu gehen, sondern eher das zu tun, worauf ich Lust habe, da der Grad der Erkrankung so heftig sei, dass keiner von mir erwarten kann, dass ich bald wieder arbeiten werde. Er gehe wohl auch davon aus, dass irgendwann die Krankheit wieder ausbrechen werde und das ganze wieder von vorne losgehen wird. Dann müss-te man mit einer neuen Chemotherapie anfangen. Wann das sein wird – könne er noch nicht sagen, aber er rechnet halt damit.

Das sind ziemlich niederschmetternde News – muss ich sa-gen. Wenn man sich dann vorstellt, dass ich quasi damit ge-rechnet habe, im August oder September wieder arbeiten zu können und er mir sagt, dass ich zwar könne, er es aber nicht für ratsam und angemessen hält, ist das ziemlich demoralisie-rend. Aber gut! Das muss ich jetzt erst mal verarbeiten. Habe ja jetzt wieder genügend Schlaftage vor mir ...

Mach Dir um mich keine Sorgen – Du hast das jetzt so direkt abbekommen, da ich gerade frisch von dem Krankenhaus ge-kommen bin und die News noch ganz frisch sind. Werde mich jetzt wieder auf die Couch setzen und runterkommen ...

Sonntag, 8. Juni 2003 – 16:19

Mir geht's auch langsam besser und ich hoffe auch bald wieder einen geregelten Alltag leben zu können. Noch stehen mir Reha und mehrere Untersuchungen bevor, aber ich denke, dass ich so im Herbst so langsam wieder meinem normalen Job nachgehen kann. Mal schauen. Auf jeden Fall bin ich guter Dinge. Aber es ist ein steinerner Weg, der viel Kraft und Zeit in Anspruch nimmt. Wird schon!!!

Donnerstag, 12. Juni 2003 – 00:10

Bei mir geht's im Moment wirklich sehr gut. Endlich ist die Chemotherapie rum und somit auch fast alle Nebenwirkungen und es ist wirklich erstaunlich, da auf den Tag genau es besser geht. Die Laune, die Müdigkeit etc.: eine deutliche Verbesserung! Schön!!! Hoffentlich hält diese Laune auch an und kann die Untersuchungsergebnisse der kommenden Woche auch evtl. kompensieren falls nötig ...

Egal – ich bin und bleibe guter Dinge. Hat mich auf jeden Fall sehr gefreut Dich am Freitag gesehen zu haben und es ist schön zu wissen, dass da doch immer ein „offenes Auge" für meine E-Mails da ist. Wünsche Dir eine gute Nacht oder gar schon einen guten Morgen.

Freitag, 13. Juni 2003 – 16:24

Danke für die elektronischen Worte. JA, habe heute ein bisschen länger geschlafen. Bin wieder ein bisschen träge. Mein Kopf spielt wieder mit mir. Daher verschieben wir das mit dem Kaffee auch lieber. Aber wir kriegen das schon irgendwann mal hin.

Liebe Freunde, Liebe Begleiter!

heute war es soweit. Ich bin mal so frei und schreibe an mehrere Empfänger.

Also, heute war ich mit meiner treuen Mama in Bad Homburg im Ärztehaus. Dort hatten wir einen Termin um 12h00 Uhr für eine MRT (Kernspin-Tomographie (Magnet-Resonanz-Tomographie)) und eine CT (Computer-Tomographie).

Aufgrund von „Vitamin B" und viel Glück hatten wir überhaupt keine Wartezeit und kamen sofort dran. Schwein gehabt.

Also, die MRT und die CT haben ergeben, dass so ziemlich alle befallenen Organe sich erholt haben und der Befall zurückgegangen ist. Die Milz ist nur noch ein bisschen vergrößert, aber wesentlich besser geworden. Was ein Glück. D.h. die Chemo hat angeschlagen und ihr Ding getan. Die Lunge ist so gut wie frei. D.h. die Lymphknoten sind nicht mehr geschwollen und sie sieht deutlich besser aus. Gleiches gilt für Leber und Niere. Dort sind nur noch Spuren zu sehen. Im Bauchraum ist eine deutliche Metastasen-Reduktion zu sehen.

Leider hat das ganze Ding doch einen Haken: Die Knochen-Metastasen haben sich weiterentwickelt, besonders im Beckenbereich, da, wo ich immer noch Schmerzen nach längerem sitzen/stehen/verweilen in einer Position verspüre. – Da müssen wir also noch mal ran. Wie??? Noch keine Ahnung – Mal schauen.

Nächste Woche habe ich einen Termin bei einem Endokrinologen in Frankfurt, der sich auf meine Art der Erkrankung spezialisiert hat. Was das Krankenhaus angeht, haben wir den Eindruck, dass für die das alles gelaufen ist – kurz gesagt: abgeschrieben: „Herr Jansen, das hat sich doch schön weiterentwickelt. Jetzt kommen sie alle 3 Monate zur Kontrolle mal bei uns vorbei." – Das reicht aber leider nicht – zumal, wenn eine solche Aktivität im Knochenbereich vorzufinden ist. Na ja, morgen sind wir noch mal im Krankenhaus zur Sonographie (Ultra-Schall), Blutuntersuchung und Röntgen. Mal schauen, ob die immer noch so drauf sind, oder ihre Meinung geändert haben. Das Problem an so einem Laden ist einfach, dass meine Erkrankung, neuroendokriner Tumor (rasch wachsendes, nicht funktionelles, undifferenziertes, mittelgroßzelliges neuroendokrines Karzinom) viel zu selten ist und sich keiner damit auskennt und somit auch keiner verantwortlich fühlt.

Wir sind guter Dinge ... und es geht weiter!!!

Mittwoch, 18. Juni 2003   14:32

Komme gerade von der Klinik wieder. Dort haben die heutigen Untersuchungen auch nicht viel Neues ergeben. Interessanterweise haben wir wieder nach einem Mittel gegen die Knochenmetastasen gefragt und folgende Antwort bekommen (bzw. wir fragen schon seit mehreren Wochen danach): Ja, wir haben ihnen das bisher nicht verabreicht, da wir der Meinung waren, dass es für sie nicht mehr zu Knochenbeschwerden kommen wird. D.h. den Moment der Knochenbeschwerden werde ich nicht erleben. Knallhart, oder??? Zumindest haben sie mir dann heute doch das Mittel gegeben.

Samstag, 28. Juni 2003 – 15:01

Bin ja ab kommenden Mittwoch in Bad Nauheim. Und da ich noch keinen blassen Schimmer habe, wie dort der Tagesablauf sein wird, kann ich Dir leider auch noch nicht sagen, wann und ob wir uns treffen können. Aber generell würde ich mich natürlich über einen Besuch Deinerseits freuen. Ich vermute, dass ich täglich ab 16h00 frei haben werde und dann meine „Abende" frei gestalten kann. Aber mal schauen. Wie gesagt, ab kommenden Mittwoch und ab dann 4 Wochen (bis zum 30.7). Da sollten wir schon einen Termin finden können. Voraussichtlich bin ich wohl an den Wochenenden wieder zu Hause. Hoffentlich. Da ich nicht weiß, wie dort meine Anbindung bzgl. E-Mail etc sein wird, hier meine Handy NR ...

Dienstag, 1. Juli 2003 – 23:08

So musste es ja kommen ... Jetzt steht die REHA vor der Tür und wir haben es leider nicht geschafft. Hhhmmmm. Also, ich bin ab morgen für 4 Wochen in BN in der T. Klinik. Und ich habe wirklich keine Ahnung, was mich dort erwartet, wann ich raus kann, welches Programm ansteht und wie meine Wochenenden aussehen werden. Ich packe morgen früh meine Sachen und fahr dann los. Alles andere ist offen. Dementsprechend bin ich auch gespannt ... 4 Wochen ... Oh man! Das braucht kein Mensch. Egal – wird schon schief gehen.

Zumindest weiß ich, dass ich dort ein Einzelzimmer mit Telefon und TV habe. Was ein Glück. Ein kleiner Trost ... ☺

Aber verstehe mich nicht falsch, ich bin guter Dinge. Wollte mich halt noch gemeldet haben, bevor ich dort eingeschlossen werde. ☺

Mittwoch, 2. Juli 2003 – 09:02

Sehr geil!!! – Ich habe gerade in meinen Unterlagen gelesen, dass ich sogar meinen eigenen Fernseher mitnehmen muss. Ist doch ganz in Ordnung. Dann werden am Montag auch noch DVD und VHS Player mitgebracht ...

Kapitel 26

Vier Wochen

Fakt ist, dass seine Zeit begrenzt ist. Deshalb ist es unerträglich für ihn, eine vierwöchige Kur hinzunehmen. Seiner Ansicht nach ist das ein absurder Zwang, nur um ein ärztliches Gutachten zu erhalten. Diese entscheiden mit Akribie über die Fähigkeit eines Patienten wieder arbeiten gehen zu können. Was bestimmt manchmal nicht falsch ist, kann manchmal sinnlos erscheinen. Die Bürokratie kennt aber keine Ausnahmen. Ich habe alles probiert, um ihm diese Kur zu ersparen.

Zuerst haben wir die Kur wegen der letzten Chemotherapie hinausgeschoben. Aber wie es so schön heißt, verschoben ist nicht aufgehoben.

Dann habe ich eine Kurklinik gesucht, in der es auch jüngere Patienten gibt. Davon gibt es nicht viele Einrichtungen. Bestimmt, weil es nicht so viel junge, kranke Erwachsene gibt. Eigentlich ja ein Glück! Auf unserem Weg haben wir viel mehr ältere Leute als junge getroffen. Der Aufenthalt in der Reha-Klinik ist sehr belastend für ihn. Sein Alter macht ihn zum Außenseiter. Ich hatte zwar eine wunderbar gelegene Klinik gefunden, die aber von der Kasse nicht genehmigt wurde, weil es für Christophes Zustand besser sei, nicht zu weit von seinem Zuhause und seinen Ärzten zu sein. Das ist durchaus verständlich.

Vor der Reha lässt ihm seine Krankheit eine kleine Pause. Er ist immer noch sehr müde und schläft viel, kann aber wieder essen. Ich liebe es, ihm Speisen zuzubereiten, die er gerne isst, nur um seinen Appetit anzuregen. Oft fährt er los mit seinem so gut gepflegten kleinen Auto. Er entdeckt die Umgebung. Das Leben ist schön und dennoch bedroht ihn „die Internierung", wie er selber sagt: Er muss zur Kur. Mit seiner wunderbaren Standhaftigkeit bleibt er seiner Entscheidung treu: Um sein Anrecht auf das Krankengeld nicht zu verlieren, geht er dorthin.

Die von der Krankenkasse zugewiesene Kurklinik liegt nur einige Kilometer von unserer kleinen Stadt entfernt. Dadurch wird er sehr oft nach Hause kommen und die Reha-Ärztin, die seine tiefe Bedrängnis spürt, erlaubt ihm freie Wochenenden. Das System ist zwar streng, aber die Verantwortlichen, mit denen wir zu tun haben, sind mitfühlend. Das Dilemma einer Kur besteht in dem Gutachten des Arztes. Viele Patienten wünschen sich nicht sofort wieder arbeiten zu müssen oder streben den Rentenstatus an. Viele seiner Mitpatienten geben ihm gute Ratschläge, um die ihrer Meinung nach so begehrte positive Beurteilung zu bekommen. Sie wissen ja nicht, dass Christophe, der seinen Zustand nur halb erklärt, am Liebsten wieder arbeiten gehen würde.

Die strikten Regeln der Klinik verpflichten jeden Patienten, an den vom Arzt beim Vorstellungsgespräch verordneten Aktivitäten teilzunehmen. Spaziergänge, Bäder, Gymnastik, Massagen ... gehören zum Tagesplan. Christophe kann aber nicht alles mitmachen. Nach und nach wird sein Programm seinem Zustand angepasst. Noch einmal ist das Personal von diesem jungen, sechsundzwanzigjährigen Mann angetan, der eine liebenswürdige Höflichkeit beweist, der aber so verletzt ist, in seinem Körper und in seiner Seele. Trotz seiner Missstimmung bereiten ihm menschliche Beziehungen Freude.

Er fühlt sich nicht sicher und fürchtet die Entscheidung der Ärzte. Er will wieder arbeiten können, wenn seine Gesundheit es ihm erlaubt. Er weiß aber auch, dass nichts von Dauer ist.

Von allen Wiedereingliederungsmodellen in die Arbeitwelt weiß er nicht, welches das geeignete für ihn wäre. Er muss sich damit abfinden, sich führen zu lassen, und das destabilisiert ihn. Wird er in Rente geschickt? Darf er in diesem Fall wieder arbeiten? Er möchte so sehr seine Aktivitäten wieder aufnehmen können, wieder weitermachen können, da, wo der Lauf seines Lebens sieben Monate zuvor unterbrochen wurde.

Nach der Kur ist er glücklich: Er geht in Rente mit der Möglichkeit einer Wiedereingliederung. Es ist Hoffnung, die ihn beflügelt. Die Ärztin hatte seinen unabweisbaren Rückkehrwunsch in die Arbeitswelt erkannt und die Tür nicht vor ihm zugemacht.

Die persönliche Bilanz dieser Kur ist negativ. Sie ermöglicht einerseits der Krankenkasse, ihre Kosten auf die Rentenversicherung abzuwälzen, andererseits sind wertvolle vier Wochen Restlebenszeit sinnlos vertan. Seine Zeit läuft ab, das bleibt Fakt!

Kapitel 27

Mails

Freitag, 27. Juli 2003 - 23:47

Jetzt habe ich schon zwei Nachrichten auf meinem AB unbeantwortet gelassen. Shame on me. Danke trotzdem für die treuen Versuche. Ich weiß das zu schätzen. Ab morgen, Montag, sind's noch 3 Tage. Am Mittwoch ist der letzte REHA Tag angesagt. Endlich! Habe die Schnauze voll. Bin ja so froh, dass es endlich rum ist. Das Durchschnittsalter der Patienten dort ist so ca. 55. Das Programm eigentlich nur auf einen halben Tag ausgelegt, so dass man so viel Leerlauf hat, dass man den halben Tag vor dem Fernseher verbringt. EGAL!!! Rum ist es ja.

Am 23. August habe ich ein kleines Get-Together im Garten meiner Eltern geplant. Für diesen Termin habe ich alle eingeladen, die mich irgendwie in der letzten Zeit mal angerufen haben, mir geschrieben haben oder mich gar besucht haben. So als kleines Dankeschön zurück. Ich würde mich freuen, wenn Du es auch schaffen würdest. Natürlich mit Anhang, wenn Du magst. (UAWG)

Samstag, 28. Juli 2003 - 19:15

Wie gerne wäre ich mit Dir da runter gefahren. Aber das scheint wohl auch Teil der Krankheit zu sein, dass selbst meine Urlaubsplanung beeinflusst wird. Egal. Heute Morgen war ich wieder in der Gemeinschaftspraxis von unserem lieben Herrn Dr. Endokrinologen. Ich bekomme ab sofort ein Mittel, welches mir nach Verträglichkeitsprüfung von ca. 2 Wochen monatlich in den Popo gespritzt wird. Der Spaß kostet ein Heidengeld. Noch Fragen??? - Der Hammer!

Ansonsten habe ich die REHA so gut wie rum. Noch zwei Tage, dann ist's geschafft. Endlich. Noch einmal Fahrradfahren, Entspannungstherapie, Atemgymnastik und Massage und einmal durch den Kurpark spazieren. Hehe. Na ja, geht auch rum. Dann gibt's morgen noch ein Abschlussgespräch. Da wird dann quasi das Urteil der Ärzte bekannt gegeben. Ob ich arbeiten sollte, kann oder dazu fähig bin. Aber im Endeffekt beeinflusst das nicht wirklich meine Zukunft, da ich doch tatsächlich selber entscheiden werde und auch kann, wie es weiter geht. Und da gibt's 3 Möglichkeiten:

1. langsame Wiedereingliederung in die Arbeitswelt „Hamburger Modell" (auf einen Zeitraum von 3 Monaten die ersten 2 Wochen mit 3 Std. am Tag, die nächsten 2 Wochen mit 4 Std. am Tag etc...) ist begrenzt auf 3 Monate und wird mit 80 % vom Nettogehalt entlohnt und zwar von der Krankenkasse → Arbeitgeber zahlt 3 Monate nichts und ich kann mich je nach Wohlbefinden krank melden, ohne Ärger zu bekommen
2. sofortiger Einstieg (volles Gehalt – volle 40 Std./Woche)
3. Rente (ca. 670 Euro / Monat und kein legaler Nebenverdienst erlaubt, aufgrund von Erwerbsunfähigkeit)

Ich denke es wird auf die erste Möglichkeit hinauslaufen. Mal schauen. Hängt auch vom morgigen Gespräch ab.

Jaaa, und sonst, plane ich so langsam mal den 23. August. Es stehen so ca. 50 Leute auf der Liste und ich rechne mal so mit mind. 30, die fest kommen werden. Wird ein Spaß. Hoffentlich spielt auch das Wetter mit.

Die REHA hat mich körperlich eigentlich wieder gut fit gemacht (das was halt im Rahmen der Möglichkeiten möglich ist!) Nur von der Psyche her hat's mich leider wieder ein bisschen zurückgeworfen. Ich habe Dir doch von den Depri Tagen erzählt (glaube ich).

Diese sind wieder häufiger am Start. D.h. ich wache wieder öfter morgens auf und quäle mich so durch den Tag. Das was die Psyche während der letzten 6 Monate ertragen musste kommt jetzt raus. Naja, werde also auch noch eine Psychotherapie machen müssen, dass ich davon auch loskomme. Es ist super ätzend, weil ich genau weiß, was ich an solchen Tagen habe, aber nichts dagegen machen kann. Ich hänge nur so rum und warte darauf, dass es besser wird. Selbst gute Freunde oder Familie gehen mir auf die Nerven und ich komme aus meiner Scheißlaune nicht raus. Manchmal dauert das halt 2-3 Tage ...

So, genug von mir. Du – genieß erst mal die Zeit!!! Du bist nämlich schneller wieder zurück als eigentlich weg gewesen. Also, einen lieben Gruß an die Sonne!!!!

Donnerstag, 31. Juli 2003 – 20:24

Endlich bin ich wieder raus. Das ist wahr. Oh man – was eine Zeit.

Ich habe eine geniale Nacht in meinem Bett verbracht, konnte aufstehen wann ich wollte und hatte den ganzen Tag Zeit für mich. Hach ja ... da geht's einem doch schon viel besser.

Am Montag war ich doch bei meinem Arzt in Frankfurt. Der hat uns wieder mal was Neues mit auf den Weg gegeben. Ein Mittel, welches wachstumshemmend sein soll. Und um zu prüfen, wie und ob ich das vertrage, muss ich jetzt für die ca. nächsten 2 Wochen mir 3 Mal tgl. eine Spritze in den Bauch oder in den Oberschenkel geben. SCHRECKLICH!!! Wenn dann mein Körper keine Reaktion auf dieses Mittel zeigt, bzw. keine Nebenwirkungen, bekomme ich es einmal im Monat und das Spritzen hat ein Ende. Oh man. Es bleibt einem aber auch nichts erspart. Dann habe ich noch eine Neuigkeit: Anfang September darf ich dann noch mal für 3-4 Tage in ein andere Krankenhaus. Weitere Untersuchungen stehen an. Tja, da komm ich nicht drum rum. Egal – geht AUCH rum!

Das mit dem Schlafen hat sich durchaus gebessert. Was ein Glück. Ist doch viel zu schade die Zeit, die man hat, zu verpennen ...

Dienstag, 12. August 2003 – 16:14

Reha ist rum endlich!!! Wurde aber auch Zeit. Nun vertrödele ich so ein bißchen die Zeit bis zum Krankenhausaufenthalt im September. Dort werden noch 1-2 Untersuchungen stattfinden und dann mal schauen. Wahrscheinlich werde ich dann anschließend einen Versuch starten mal wieder arbeiten zu gehen. So mit einer teilweisen Wiedereingewöhnung. Erst 3 Std. am Tag, dann 4 dann 5 etc.

Und, wenn das klappt, dann werde ich in ca. 2 Monaten wieder voll arbeiten und falls nicht, dann muss man sehen, ob ich halbtags anfange oder wie das weiterläuft. Keine Ahnung. Das ist ja das Schlimme... Keine Ahnung, was in Zukunft sein wird. Ich muss halt lernen, in den Tag hineinzuleben... Aber das ist schon OK. Man gewöhnt sich ganz langsam dran.

Dienstag, 12. August 2003 – 16:22

Hatte ein ziemlich geiles Wochenende. Die Münchener waren wieder mal da und wir waren nur unterwegs. Total entspannende Bar-Abende und tagsüber gemütliches Rentnerprogramm. Genial. Jetzt bin ich aber auch froh, dass die wieder weg sind. Ich brauche einfach mehr Zeit, um solch ein Wochenende zu verdauen ...

Habe im Moment ja ein Mittel, welches ich mir 3 Mal am Tag in den Bauch spritzen muss. Das soll mich an den Wirkstoff gewöhnen wg. der Monatspritzen... Gestern war superätzend. Schöne starke Nebenwirkungen mit Bauchkrämpfen, Durchfall etc. VOLL KRASS. Ich lag den ganzen Tag auf der Couch und habe gelitten. Dann habe ich den Arzt angerufen und der hat mir dann erlaubt, die Dosis zu mindern. Was ein Glück. Heute geht's wieder. Ich frage mich ja, ob der ganze Umstand irgendwann mal aufhört oder ob ich mich einfach an das alles zu gewöhnen habe...(*heul*)

Kapitel 28

Das Leben geht weiter

Schritt für Schritt erholt er sich wieder. Im Rhythmus der Behandlung schwankt er zwischen Niedergeschlagenheit und Enthusiasmus. Getragen von seinem leidenschaftlichen Lebenswillen mobilisiert er unaufhörlich all seine Kräfte für seinen Kampf.

Wenn er die Kraft findet verbringt er stundenlang damit zu schalten, zu gestalten und zu programmieren. Ich? Ich bin seine Testperson. Ich stimme zu, ich höre zu. Aber ich höre nicht den feinen Fehler in der Tonwiedergabe, der ihn stört. Nun, ein neuer Tuner muss her, denn der Vorhandene ist nicht kompatibel mit einem Home-Cinema. Und selbstverständlich diesen oder jenen Stecker, dieses oder jenes Kabel, optisch oder aus Kupfer, stabiler, länger aber doch nicht zu lang... Ich bewundere ihn, ich, die nur nach ausführlichen Erklärungen die Unterschiede verstehen kann. Das nimmt kein Ende. Technik ist seine Faszination. Ich unterstütze ihn sehr neue Installationen in Angriff zu nehmen, denn er realisiert auf diesem Wege seine Träume. Im Rahmen seiner Möglichkeiten soll sein Leben ein einziger, wirklicher Spaß werden. In die Zukunft zu investieren, sich nicht der Traurigkeit, der Hoffnungslosigkeit hingeben, sich engagieren, im Leben vorwärts blicken.

Eines Tages ist endlich alles so weit. Ich arbeite an seinem Computer und er kann mir vom Fernseher aus Hilfe leisten. Er kann das Bild des Computers auf den Fernseher schalten. Außerdem sitzen wir akustisch in Kirchenhallen und unterschiedlichsten virtuellen Welten und erleben sein Home-Cinema. Jeder wird zur Hörprobe hinzugezogen, aber keiner hört so wie er die feinen Fehler, an denen er weiter feilt.

Kapitel 29

Danke

Ein Fest! Um allen seine Dankbarkeit zu zeigen, die ihm die letzten Monate so viel gegeben haben.

Monatelang plant er im Voraus, organisiert mit der größten Sorgfalt: „Es muss so gut sein, wie es überhaupt geht." Es wird ein herrliches Fest. Einer von seinen Freunden, einer aus der Branche, schenkt ihm eine Traumbeleuchtung für den Abend. Noch nie waren unser Garten und unser Haus so schön beleuchtet. Ein anderer borgt ihm zwei Pavillons, weil das Wetter ein wenig zu kühl ist. Andere steuern zum Büffet bei. Jeder nimmt Teil an den Vorbereitungen. Es ist wunderbar für ihn, für uns, für alle. Wir haben so sehr befürchtet, diesen Moment nicht erleben zu dürfen. Aber an diesem Abend fühlt er sich doch nicht so gut, und einige Minuten lang suchen wir nach ihm: Er hat sich zurückgezogen. Dank seiner Stärke findet er den Willen zurückzukommen. Es ist Samstag, der 23. August. Alles ist hervorragend, abgesehen von diesem kleinen, bitteren Geschmack: Ein Eindruck des Abschieds, dieses Gefühl der Trennung. Wir lassen uns aber nicht gehen. In der Gegenwart leben, seine Freude jetzt erleben, einfach leben.

Auf diesem Fest haben wir, seine Eltern, alle seine Freunde und Kollegen kennen gelernt. Wir kannten nur die engsten Freunde. Die anderen waren für uns nur in Unterhaltungen zitierte Namen. Wir waren nun nicht mehr die auf Distanz gehaltenen Eltern. Christophe musste das Schlimmste erleben, um erkennen zu können, was Familie einem bieten kann: das Privileg der Zugehörigkeit, die bedingungslose Beziehung. Ich habe meinen Kindern Unabhängigkeit- und Verantwortungsprinzipien einschärfen wollen. Er hatte daraus geschlossen, dass er allein für sich selbst verantwortlich sei. Er allein...

Dank dieser Erkenntnis haben wir zusammen wunderbare Momente erlebt, weit weg von den eingeübten Rollen, die die Intensität der Beziehung eingeschränkt hätte.

Diese Erkenntnis hat auch dazu geführt, dass wir einige Wochen zuvor den französischen Zweig der Familie im tiefen Jura besucht haben. Noch nie ist er so glücklich gewesen, bei ihnen ein paar Tage verbracht zu haben. Als es ihm so schlecht ging, hatten sie ihn nicht besuchen können, aber ihre Pakete voller Aufmerksamkeit und Liebe hatten ihn sehr berührt. Dafür wollte er sich bedanken.

Kapitel 30

Mail

Sonntag, 24. August 2003 – 23:05

Moin moin !!!

Vielen Dank noch mal für Euer Kommen! Ich fand, es war ein wirklich gelungenes Fest. Keine Scherben (auch wenn die Glück bringen), keine Überläufe, kein Dreck im Haus und gute Stimmung. Vielen Dank an Euch alle, für die DVDs und die Biere, die so schön ...

Ich hatte wirklich Spaß. Daher: Noch mal Danke.

Kapitel 31

M.

Das Fest ist vorbei. „Sein Fulltimejob", wie er die Krankheit nennt, nimmt ihn in Anspruch. Es ist ein stetiger Kampf. Der weiteren Behandlung folgend, gehen wir zu unserem Termin, der zwei Monate zuvor vereinbart wurde. Wir sind voller Hoffnung endlich diesen in Onkologie spezialisierten Endokrinologen kennenzulernen, auch wenn es mit einem Krankenhausaufenthalt verbunden ist.

Wir wollen nachholen, was wir im Januar nicht machen konnten: Erfahren, ob es nicht weitere Möglichkeiten zusätzlich zu der Chemo gibt. Das bedeutet allerdings erst einmal weitere Krankenhausaufenthalte und Untersuchungen. Eine Endosonographie erlaubt endlich die Diagnostik näher zu bestimmen: Der angenommene Primärtumor ist lokalisiert und eine Szintigraphie erlaubt die Rezeptoren der Metastasen zu identifizieren. Leider ist die Biologie der Rezeptoren noch nicht genügend erforscht. Die entsprechende Behandlung hat noch nicht die notwendige Genehmigung für eine klinische Studie erhalten. Wir überlegen, ob dennoch eine Behandlung auf eigene Verantwortung möglich ist, aber leider ist das nicht möglich und die nötigen Medikamente sind in der Form noch nicht verfügbar. Lange werden wir auf eine Genehmigung für eine erste klinische Studie warten. Es sei nur eine Frage von einigen Wochen. Unser Onkologe unterstützt uns dabei tatkräftig, die Entwicklung dieses Kontrollverfahrens zu verfolgen. Ich will dem Zufall nichts überlassen und versuche alles, um diese Genehmigung zu beschleunigen. Ich muss mich geschlagen geben. Die Wochen, die Monate vergehen.

Meine laienhafte Beschäftigung mit der Krebsforschung verunsichert mich. Ist er zu früh krank geworden? Ist es nur eine Frage der Zeit? Hätte er zu einem anderen Zeitpunkt überlebt? Diese Fragen belasten wahrscheinlich alle Betroffenen, die von einer Krankheit an die Grenzen des menschlichen Wissens gebracht werden. Man pflegt zu sagen, dass die Wissenschaft schon sehr weit ist. Aber was bedeutet das schon, wenn man die traurige Erfahrung macht, an ihre Grenzen zu stoßen? Der Mensch ist so klein! Wie bescheiden sollen wir sein? Es scheint mir, dass jeder Schwerkranke immer zuversichtlich auf die nächste Entdeckung wartet. Es ist seine einzige Hoffnung. Mit oder ohne Krankheit, die Hoffnung ist Träger eines jeden Lebens. Mit der Zeit und vor allem in extremen Situationen, verschmilzt Zuversicht mit Verzweiflung.

Es gibt immer viel zu tun, um die Schäden des „Angreifers" einzudämmen. Die akute Gefahr geht von der Wirbelsäule aus. Die Metastasen sind derartig groß geworden, dass sie die Stabilität des Knochengerüsts gefährden, ganz zu schweigen von den Schmerzen, die sie mit sich bringen. Die Konsequenz ist schrecklich: Christophe muss ein Korsett tragen. Wie er selber so schön sagt „Nichts wird ihm erspart!" Beim Einsehen der Aufnahmen beruhigt uns der Orthopäde: Die Metastasen der Wirbelsäule stellen keine Bruchgefahr dar, da sie in seinem Fall die Knochenmasse verfestigen. Inzwischen benutzen wir schon routiniert Ausdrücke wie: „osteoblastisch" (Knochen bildend) und „osteolytisch" (Knochen abbauend). Immerhin sind wir dieses Mal gerade noch davon gekommen, wenigstens dieses eine Mal!

Am Entlassungstag nimmt sich der verständnisvolle Onkologe des Krankenhauses sehr viel Zeit, mit uns zu reden. Gesprochen wird über die momentane Lage mit den neuen Befunden, über die vorstellbare Behandlung und über das, was wir zunächst unternehmen sollten. Sicherlich sei die auf die Rezeptoren basierende Therapie die bessere Wahl. Warten sei aber nicht möglich, also müsse man sofort eine neue Chemotherapie anfangen. Eine ehrliche Bilanz, die uns den Weg, den wir suchen, deutlich zeigt. Er hat uns in unserer Suche nach dem richtigen Weg Zuversicht gegeben, die uns in unserem Kampf bestärkt hat.

Er hat unsere Schritte geführt: Unser durch Hoffnungslosigkeit geprägtes Boxen in alle Richtungen gelenkt. Er hat uns empfohlen einerseits einen Facharzt für Schmerzen aufzusuchen, der besser als jeder andere eine Schmerzmitteltherapie aufstellen würde und andererseits einen Onkologen, einen seiner Kollegen, nicht weit entfernt von zu Hause, der, wie ein Dirigent alles in die Hand nehmen würde. Wir befolgen seinen Rat.

Patient und Familie brauchen so sehr, was das medizinische System heute nur selten gewährt: Zeit zum Zuhören, zum Sprechen, zum Beruhigen.

Alles geht weiter, sogar der Rückfall. Die gefräßigen Metastasen warten nicht. Die Schmerzen auch nicht. Alles kommt wieder. Alles bricht zusammen. Noch weniger Hoffnung, die Hölle ist noch tiefer. Wir sinken ein bisschen weiter.

Es geht Christophe sehr schlecht, die Schmerzen quälen ihn ungemein. Der Rückfall zwingt uns unmittelbar zu dem empfohlenen Onkologen zu gehen.

Kapitel 32

Mails

Montag, 1. September – 21:37

Wollte mich nur noch mal kurz vor meinem Abgang melden. Morgen früh geht's nach M. Es steht ein Haufen Untersuchungen an:

Magnetresonanztomographie,

Computertomographie,

Szintigraphie,

Endosonographie,

Röntgen,

Sonographie etc...(+Blut+Urin+Stuhl+Speichel+++).

Noch Fragen? Mir ist schon ganz anders. Ich glaube am Schlimmsten wird die Endosonographie: Mit einem Schlauch durch den Mund bis in den Magen und weiter ... Ich habe ja nicht wirklich die Ahnung, was da passiert, aber unangenehm wird's bestimmt. (Hier die Internetadressen zur Info ...)

Ich schreibe Dir aber nicht, um Dich hier nur mit meinem Quatsch da zuzubomben ... Nein, der eigentliche Grund ist, dass die mir dort gesagt haben, dass es evtl. sein kann, dass ich bis zum einschließlich 8. September bleiben muss. Und eigentlich wollte ich ja an dem Tag schon wieder im Studio sein. Sch...!!! Ich versuche alles, um das irgendwie zu ändern bzw. dass das alles bis Freitag durch ist. Sonst muss ich evtl. auch übers Wochenende dort bleiben. Und wie Du Dir vorstellen kannst, ist das nicht wirklich das Wahre, in einem 4-Bett Zimmer zu liegen, evtl. keinen Fernseher zu haben, und wenn dann mit den anderen teilen zu müssen etc. ...

Sonst gibt's leider nicht viel Neues. Habe seit meiner Party nicht viel gemacht oder auf die Beine gestellt. Viel Erholung war ja angesagt und leider habe ich seit ein paar Tagen wieder üble Schmerzen im Rücken bekommen. Ich hoffe ja auch, dass die in M. einiges dagegen machen werden. Ich habe nämlich am Donnerstag das Mittel was tumorwachstumshemmend bei den weichen Organen wirken soll abgesetzt und seit dem sind leider interessanterweise die Rückenschmerzen wieder gekommen. D.h. der Spaß wirkt anscheinend wohl auch in den Knochen. Das Medikament ist noch recht neu und die eigentliche Wirkung noch nicht wirklich 100%ig bekannt. Aber gut isses, auch wenn's ganz schön starke Nebenwirkungen gibt ... Jetzt nerv ich Dich ja schon wieder mit dem Sch... Ich hoffe, das ist OK.

Ist leider im Moment das Einzige, was mich mehr beschäftigt als das Fernsehprogramm. Schlimm. Daher freue ich mich schon aufs wieder im Studio zu arbeiten und Stress und Druck und Spaß und Telefon und ...

Montag, 1. September 2003 – 00:39

Noch zwei Mal schlafen und dann liege ich wieder in weißen Lacken – dieses Mal in M. Ich habe ja wieder so langsam ein allgemeines Unwohlsein in mir. Vor allem, seit dem ich erfahren habe, dass die mich dort wohl länger als nur 3 Tage behalten wollen. Die kriegen die internen Untersuchungstermine wohl nicht so hin, dass die alle bis Freitag klappen... Hmmm.... Kann man nichts machen. Hoffe nur, falls dem so sein sollte, dass die mich wenigstens übers Wochenende entlassen/beurlauben. Mal schauen...

Und da steht noch so eine ganz neue Untersuchung an: Endosonographie. Nicht, dass diese neu ist, sondern, dass ich diese noch nicht über mich ergehen lassen habe. Ich weiß auch nicht genau, um was es da geht, ich weiß nur, dass das wohl sehr unangenehm sein muss. (Ich habe gerade noch mal im Internet geschaut) – ÄTZEND!!!!

Mir ist jetzt schon schlecht.

Egal – Muss wohl sein!

Also, bis die Tage. Ich bleib tapfer! J (...Du natürlich auch !)

Kapitel 33

Rückfall

An diesem Freitag Anfang Oktober fahren wir so schnell wie möglich von dem einen „anderen Krankenhaus" zu dem Onkologen, der uns von nun an begleiten sollte. Von der Autobahn aus ruft Christophe beim Arzt an und erfährt, dass die Gesprächszeiten bis fünfzehn Uhr seien. Es ist zwölf Uhr. Noch über das Wochenende hinweg auf das Gespräch zu warten, scheint uns undenkbar.

Im Wartesaal hat Christophe unheimliche Schmerzen. Das Warten ist unerträglich für ihn, dennoch möchte er sich nicht vor die anderen Wartenden drängen. Endlich sind wir dran. Im Untersuchungszimmer bricht er zusammen. Getragen von unserer Niedergeschlagenheit vor dieser so schnellen Verschlimmerung treiben wir den Onkologen buchstäblich in die Enge. Wir, ja wir, wollen eine Chemo in kürzester Zeit. Wir sind überzeugt, dass kein einziger Tag verloren gehen darf. An diesem Tag selber und nicht am Morgigen soll diese Hilfe bringende Chemo stattfinden. Der Arzt ist entsetzt. Wie konnten wir so etwas wollen, gerade bei Christophes jetzigem schlechtem Zustand? Außerdem ließen wir dem Arzt keine Zeit die Akten zu lesen. Die Schwere der Krankheit und die Not führen den Patienten manchmal in so extreme Situationen, dass er den Arzt förmlich überfällt. Glücklicherweise war er dennoch nicht ganz uninformiert: Man hatte ihn bereits von M. aus verständigt. Der Arzt versteht uns und begleitet uns. Bis zum Ende.

Ein neuer Chemotherapiezyklus fängt an: Sechs mal drei Tage, alle drei Wochen.

Es ist Freitag und am Wochenende gibt es keine ambulanten Chemotherapien. Da alles sehr schnell gehen soll, wird er erneut stationär im Krankenhaus aufgenommen. Noch einmal nimmt er es auf sich. Noch einmal lässt er sich nicht unterkriegen. Wirklich nichts ist einfach. Dennoch einer kleiner Lichtblick, er ist in einem Einzelzimmer untergebracht. Das Zimmer ist neu, ein kleiner Trost.

Im Krankenhaus stabilisiert sich sein Zustand. Ich wage es, meine schon seit Wochen geplante Wochenendreise mit Freundinnen anzutreten. Ich hätte es vorgezogen, bei Christophe zu bleiben. Aber nicht nur ich habe das Recht für ihn da zu sein? Sein Vater und seine Schwester sind ebenfalls immer für ihn da. Er ist in guten Händen. Ich vertraue meiner Familie.

Als ich per Telefon erfahre, dass er seine erste Bluttransfusion bekommt, fühle ich mich schlecht. Wie konnte ich nur gehen? Mein Kopf ist ganz leer. Es läuft mir kalt über den Rücken. Meine Beine tragen mich nicht mehr. Ich muss jedoch durchhalten. Ich kenne alle diese Etappen und gleichzeitig will ich glauben, dass wir ihnen entgehen können. Die Hoffnung? Sie wird so oft zurückgeworfen. Denn diese Etappen kommen, lassen uns keine Zeit zum Reagieren und drücken uns nieder. Das Schlimme ist, dass man damit leben muss. Was denn sonst? Ich muss mir immer wieder einreden, dass sein Vater und seine Schwester auch da sind, dass ich nicht die Einzige bin. Dann hebe ich den Kopf und fasse mich wieder. Ich hätte ihm so gerne meine ganze Zeit gewidmet.

Um bei ihm keinen Verdacht zu wecken, habe ich immer versucht mich so natürlich wie möglich zu verhalten. Habe ich ihn getäuscht? Ja! Ich kann doch nicht mit ihm über die extreme Schwere seines Zustandes reden. Über die Schwere reicht schon. Meine Hoffnung hat sich schon immer nur auf eine kurze Verlängerung seines Lebens gestützt.

Der Rückfall hat uns bereits niedergeschlagen, aber die Bluttransfusion ist noch eine Stufe tiefer in unserer Talfahrt nach unten. Eine weitere Station auf der Reise unseres irrsinnig schnellen Zuges.

Jeder weiteren Chemo folgen von nun an Bluttransfusionen. Bei sehr niedrigen Blutwerten wird der Kranke isoliert, um jeden Infekt zu vermeiden. Bei zu niedrigen Blutwerten muss die Chemo verschoben werden. Und ohne Chemo – rien ne va plus. Der Körper gibt Schritt für Schritt nach.

Die Chemo und die zahlreichen Medikamente bringen mal wieder eine steigende Müdigkeit mit sich. Wir probieren alles, was überhaupt möglich ist, aber nur mit geringem Erfolg. Das ist für Christophe schwer zu ertragen, denn er kann seinen Lebensrhythmus nicht mehr beibehalten.

Langsam wird er immer schwächer. Sein Appetit schwindet. Er freut sich aber so schlank zu sein. Wie kann ich ihm nur klar machen, dass sein Körper Reserven braucht? Als Mitglied der Selbsthilfegruppe bekomme ich immer wieder Informationsblätter. In dem letzten stand gerade ein Artikel über Ernährung, indem empfohlen wird, wachsam zu sein und das Gewicht zu halten. Wir sprechen darüber. Christophe wird sich immer Mühe geben, vor allem wenn er keinen Appetit hat, aber die therapeutischen Mittel wirken zu oft gegen seinen Willen.

Wieder zu Hause spielt ihm sein „Kopfkino", einen üblen Streich. Seine Vorhaben werden immer wieder in Frage gestellt. Das Wochenende unter Freunden, das Treffen im Café... Er schaltet immer mehr ab. Wenn sie nichts mehr hören, tauchen seine Freunde auf. Sie kommen von München hoch. Nur für einen Tag, auch wenn sie keine Zeit haben, aber sie sind da. Und er wacht wieder auf, verwandelt. Er ist glücklich. Während der Zeit eines Besuchs vergisst er kurz sein ganzes Leid. Er ist darauf bedacht, seinem Besuch eine positive Atmosphäre zu schaffen.

Kopfkino? Er hat verstanden, was ihm widerfährt, wenn alles schlecht geht. Er weiß, dass er zum Verdauen seiner niederschmetternden Gedanken Zeit braucht. Kopfkino bedeutet für ihn auch „abschalten".

Nachdem wir zum Onkologen gegangen sind, folgen wir der zweiten Empfehlung. Der Schmerztherapeut ist sehr überrascht, uns in seiner Praxis zu sehen. Wohl wissend, dass Christophe schon zahlreiche Ärzte besucht hat, weiß er nicht, inwiefern er uns noch weiter helfen kann. Wir erklären ihm, dass trotz der sehr vielen Mittel der Schmerz weiterhin besteht und immer heftiger wird, so dass wir ratlos sind. Wir sprechen auch über Christophes Abneigung gegen Medikamente, die er nur mit Widerwillen einnimmt, sei es auch nur eine Tablette, ein Dragee oder eine Kapsel. Der Arzt findet die richtigen Worte, um ihm klar zu machen, dass Schmerz noch schädigender ist, als die entsprechende Medizin. Bis dahin versuchte Christophe immer wieder die Dosierung zu reduzieren, auf die Gefahr hin, dass die Schmerzen wieder auftreten. Der Arzt erklärt ihm weiterhin, dass nur er seinen Schmerz kenne, nur er könne die Dosierung bestimmen, niemand anderer könne den Grad der Intensität abschätzen. Der Arzt hat sehr gut Christophes Problem erkannt. Seine Hilfestellung stellt sich als hervorragend heraus.

Kapitel 34

Mails

Montag, 13. Oktober 2003 – 15:48

Tja, hatte nicht viel zu lachen in letzter Zeit. Mich haben üble Schmerzen überfahren und ich habe nicht viel anderes tun können als im Bett zu liegen und zu hoffen, dass das alles bald mal nachlässt. Dann habe ich vergangene Woche eine erneute Chemotherapie bekommen, welche natürlich von meinem Wohl befinden her mich um einiges zurückgeworfen hat. Na ja, da müssen wir durch.

Schön zu wissen, dass es Dir wieder besser geht.

Habe auch für ein paar Tage das Arbeiten wieder aufgenommen, aber leider hat es nicht sollen sein und war mir leider körperlich nicht länger möglich. Vielleicht irgendwann mal wieder.

Dienstag, 14. Oktober 2003 – 15:01

… Heute rief eine Ärztin aus M. an, die mir mitteilte, dass mein Becken auch sehr stark frakturgefährdet sei und dass ich doch Gehhilfen benutzen solle und so schnell wie möglich eine Strahlentherapie beginnen solle. „Ist das jetzt das Anfang vom Ende?" fragte ich mich heute Morgen. Egal – und weiter geht's. Inzwischen bin ich auch beim Schmerztherapeut, der mich immerhin schmerzfrei gestellt hat. Wurde aber auch mal Zeit. Wie Du siehst – weiter geht's und zwar ohne Pause. Von einem Arzt zum anderen…

Kapitel 35

Geburtstag

Nichts ist geplant, nichts steht an. Er weiß nicht, dass seine Münchener Freunde kommen werden. Ich habe es nicht verraten. Christophe weiß nicht, dass sie am Tag vorher kommen werden. Er weiß nicht, dass sein Geschenk ein Hubschrauberflug über seinen Lebensraum – die Stadt und die Umgebung – sein wird.

Am 22. Oktober, um 10 Uhr abends, Mittwoch, Mitte der Woche, gar nicht so einfach für diejenigen, die arbeiten. Sie kommen mit dem allerbesten Festessen: Sushi (sein Lieblingsgericht) und etwa zwanzig verschiedenen Bieren. Um einen wohlgefüllten Tisch nehmen sie alle zusammen Platz. Um drei Uhr ziehen sie sich zurück in ihre Elternhäuser. Es sind Freunde aus seiner Kindheit! Um sieben Uhr morgens sind sie alle vier im Hubschrauber und über allen Sorgen der irdischen Welt. Später am Tag war der Flug wohl nicht möglich, denn die Freunde mussten zurück nach München um noch am selben Tag zu arbeiten. Für Christophe ist es ein viel zu frühes Aufwachen nach einer so kurzen Nacht, aber für seine Freunde ist er zu allem bereit. Sie gehen wieder fort, wie sie gekommen sind, mit dem Flugzeug. Sie haben ihre gewagte Sache gut hingekriegt: Vier Freunde, in tausend Meter Höhe und nichts zählt mehr, nur die gemeinsame Freude. Eine aufgehende Sonne erhellt seinen dunklen Alltag.

Ein Wirbel in ein zurückgezogenes Leben. Ein Taumel. Wir werden noch oft davon reden. All meine Anerkennung an die Organisatoren. Das war das schönste Geschenk.

Die Freunde gehen um neun Uhr wieder fort, sein nächster Termin ist um elf! Er widmet sich wieder seinem Fulltimejob. Sein bester Freund ist bei ihm geblieben. Zu Dritt verbringen wir seinen Geburtstag in den Untergeschossfluren eines Krankenhauses. Seit zwei Wochen geht er nur noch mit Krücken, da die Stabilität der metastasierten Hüftknochen gefährdet ist. Das letzte Mal ging es um die Wirbelsäule. „Kann ich noch laufen? Werde ich mich in einem Rollstuhl fortbewegen müssen? Niemals! Das würde ich nicht ertragen." Alle ersten Male sind so grauenhaft. Gespräche. Untersuchungen. Laufen kommt nicht mehr in Frage, die Hüfte kann jeden Moment nachgeben. Die „osteolytischen" Metastasen bauen Knochenmasse ab. Das „Im Bett Liegen" ist angesagt. Dann, von Widersprüchen zu Widersprüchen, von Notrufen zu Notrufen, von Ärzten zu Ärzten, von Untersuchungen zu Untersuchungen sind wir in diesem Krankenhaus angelangt, um das Bestrahlungsprogramm zu besprechen. Am Ende des Tages versichert uns die Nuklearmedizinerin, keine Gefahr für die Knochen zu sehen. Das ist sein zweites Geschenk an seinem siebenundzwanzigsten Geburtstag. Die Krücken werden ausrangiert! Wir glauben der Ärztin. Wir wollen ihr glauben. Es gibt schon genug Schwierigkeiten, komme was wolle. Dieses Thema wird nicht mehr auf die Tagesordnung kommen.

Ende gut, alles gut. Am Abend geht es weiter: Sie sind da, sie sind alle da, seine Freunde der Umgebung. Danach muss Christophe tagelang schlafen, um sich zu erholen. Fünf Tage später die zweite Chemo. Nach dieser fröhlichen Auszeit erfordert „die Anspruchsvolle" seine ganze Aufmerksamkeit: Chemo, Halluzinationen, Kopfschmerzen, Fieber und Antibiotika machen ihm das Leben schwer. Aber die Hoffnung macht uns nach wie vor stark. Er verliert an Gewicht. Dennoch fasst er sich wieder.

Die Höhen erlauben, die Tiefen zu ertragen. Das ist sein Leben.

Man darf bei all seinen Terminen nicht den Überblick verlieren! Den Termin der Chemo alle drei Wochen, den der Infusion für die Knochen alle vier Wochen, den der Blutabnahme zwei bis drei Mal pro Woche, den der Bluttransfusion, den der Plättchen und den Termin um das Medikament zu erneuern. Es gibt so viele davon. Ein ausgelasteter Terminkalender! Nie gab es einen Zwischenfall. Er kommt sehr gut mit dem Pflegepersonal zurecht. Er unterhält sehr gute Beziehungen zu jedem. Es ist eine Wonne, ihn zu begleiten. Nie jammern. Nie ein falsches Wort. Ich weiß aber auch, dass es ihm manchmal ganz schön schwer fällt. Es ist nicht so einfach zu lächeln, wenn man mit seiner Weisheit am Ende ist. Als er als Notfall ins Krankenhaus kommt, teilt ihm die ihm schon bekannte Krankenschwester mit, ihn in einem Dreibettzimmer unterbringen zu müssen. Es ist nichts anderes frei. Obwohl es bei ihm grauenhafte Erinnerungen weckt, antwortet er: „Das macht nichts!" Daraufhin ergänzt sie: „ Aber die zwei anderen Betten sind leer!" Ich höre noch sein Lachen.

Sie ist auch eine gute Fee.

Kapitel 36

Mails

Dienstag, 28. Oktober 2003 – 13:21

Das ist ja schön, mal wieder was von Euch zu hören. Oft denke ich an die Stunden/Tage zurück, die ich beim Arbeiten mit Euch verbracht habe. Eine schöne Zeit. Leider hat mich meine Gesundheit eingeholt und mir diesbezüglich einen Strich durch die Rechnung gemacht. Egal, die Erinnerungen bleiben.

Z.Zt bekomme ich eine zweite Chemotherapie, die leider unumgänglich ist, da wir durch eine Endosonographie einen bisher unentdeckten Tumor (6x4cm) an dem Schwanz meiner Bauchspeicheldrüse gefunden haben. Und leider fingen die Metastasen seit der ersten Chemotherapie wieder an sich zu verbreiten. Nach längerem Suchen und Machen und Tun hat mich ein Schmerztherapeut doch endlich schmerzfrei bekommen, so dass die Tage wenigstens angenehm sind und ich einigermaßen unbeschwert zu Hause verweilen kann.

Es gibt so viel zu erzählen... aber belassen wir es erst mal dabei.

Arbeiten bei Euch ist natürlich aufgrund meines Immunsystems erst mal nicht drin. Meine Lendenwirbelsäule und linke Pfanne am Becken sind auch so stark metastasiert, dass evtl. Bruchgefahr besteht. Daher muss ich mich von meiner Mobilität her natürlich einschränken. ...Aber Ihr könnt wirklich davon ausgehen, dass ich mir eine solche Einladung nicht entgehen lasse und sie sobald als möglich auch wahrnehmen werde.

Auch wenn alles nicht so toll klingt – ich bin guter Dinge und lasse mich regelmäßig von meinem Freund auf den neuesten Stand bringen.

Dienstag, 28. Oktober 2003 – 14:21

(Über den Vorabend seines Geburtstags...)
Dieser Abend war überhaupt nicht so ins Detail geplant und daher war er voll mit schönen Überraschungen.
War auf jeden Fall sehr nett. Ging noch bis 3 Uhr. Eine gute Leistung, wenn man bedenkt, dass ich am nächsten Tag um 7h00 los musste und einen Termin im Krankenhaus hatte.

Mittwoch, 29. Oktober 2003 – 01:31

Auf jeden Fall, waren die letzten Tage ziemlich ereignisreiche Tage. Voller Überraschungen und auch Erlebnisse. Zum Glück geht es mir auch dementsprechend, so dass ich es ausleben und genießen kann. Morgen geht's wieder los. Der 2. Zyklus der Chemotherapie ist dran. D.h., dass die morgen früh dann erst mal mein Blut kontrollieren werden und wenn die Werte in Ordnung sind, die Chemotherapie in die Wege leiten. Ich bin mal gespannt. Du musst mir die Daumen drücken. Zum einen, dass ich sie bekomme und zum anderen, dass ich sie auch vertrage. Den ersten Zyklus habe ich nicht so gut vertragen, weil die das entsprechende Mittel gegen die Übelkeit nicht da hatten oder es wahrscheinlich zu teuer war oder ... Naja. Schauen wir mal.
Vergangenen Freitag war ich am Nachmittag zur Blutbild-Kontrolle bei meinem Arzt in Frankfurt. Die Werte waren so übel im Keller, dass der mich dann gleich da behalten hat und ich die Nacht von Freitag auf Samstag im Krankenhaus verbringen musste. Dort gab es dann 2 Blutkonserven und 2 Thrombozytenkonserven intravenös. Ziemlich ätzend war das. Egal. Ich war noch so übermüdet von den vorangegangenen Tagen, dass ich mich dort erst mal schön ausschlafen konnte. Warum ich Dir das erzähle? Weil das wichtig ist, um zu begreifen wie wichtig es ist, dass meine Werte morgen in Ordnung sind.

Freitag, 5. Dezember 2003 – 14:48

Kein Stress! Bei mir geht's gesundheitlich wieder bergab. Die Blutwerte habe ich heute morgen überprüfen lassen und die sind im Keller. Also, d.h. höchste Infektionsgefahr und falls ich Pech haben sollte, wird sogar die Chemotherapie, die für kommenden Mittwoch angesetzt ist, um eine Woche verschoben.

Disco ist also unmöglich – leider. (habt ihr keinen Mischer, oder was?? ☺

Wir sehen uns am 14.12. Bin mal gespannt wie es da wird und hoffe, dass ich in der Lage bin auch wirklich zu kommen.

Donnerstag, 18. Dezember 2003 – 17:58

Tja, wie heißt es so schön: Unkraut vergeht nicht.

Nein, Spaß beiseite, ich kämpfe mich gerade durch eine zweite Chemotherapie. Also, d.h. 6 Zyklen à 3 Wochen.

Gibt immer wieder ein-zwei Nebenwirkungen, aber so im Großen und Ganzen vertrage ich es ganz gut. Voraussichtlich bin ich bis Mitte Februar damit durch. Dann kann ich vielleicht auch mal wieder ein bisschen mehr auf die Straße etc. Im Moment ist mein Immunsystem ja noch ein bisschen schwach, daher muss ich eher aufpassen!

Donnerstag, 18. Dezember 2003 – 18:42

Sonntag sieht ganz gut aus. Wobei ich Dir erst kurzfristig definitiv zusagen kann, da ich Mo/Di/Mi wieder Chemo bekommen habe und ich nicht weiß, wie es mir am Sonntag gehen wird. Vielleicht kommen wieder Nebenwirkungen, vielleicht bleiben sie aus. Mal schauen. Aber, wir halten das mal fest.

In der letzten Zeit ging's mir eigentlich ganz gut. Habe letzte Woche viel Blut bekommen (4x) und diese Woche halt die Therapie. Aber bisher alles gut vertragen und ich muss auch sagen, dass ich glaube, dass sich daran nicht viel ändern wird. Natürlich bin ich nicht wirklich viel unterwegs, Versuche im Rahmen der Möglichkeiten trotzdem jeden Tag irgendwie was zu unternehmen, dass mir die Decke nicht auf den Kopf fällt. Draußen ist es mir wirklich zu kalt geworden. Irgendwie habe ich auch mein Körperfett verloren (das ist ja ganz gut) und meine Haare (das ist weniger gut). Also, nicht alle Haare sind weg, aber so gut wie. Ich habe sie mir ganz kurz rasiert, dann sieht es nicht ganz so fies aus.

Montag, 29. Dezember 2003 – 17:11

... Ich weiß ja, dass ich Dir noch ein Treffen versprochen habe. Nur bin ich im Rahmen meiner Möglichkeiten auch eher menschenscheu geworden, wenn ich Chemotherapie habe. Bin immer recht schnell müde und nicht gerade fit bzw. auch nicht wirklich schmerzfrei. Zu schaffen macht mir halt auch die Kälte und mich mit meinem gegenwärtigen Haarausfall in der Öffentlichkeit zu zeigen. Daher ziehe ich es halt auch immer vor, zu Hause zu bleiben und darauf zu hoffen, dass die bald wieder wachsen, um nicht von allen Menschen angesehen zu werden. (Oft bilde ich mir das bestimmt auch ein, aber es ist und bleibt halt schwer).

Kapitel 37

Alles geht vorbei

Alles geht vorbei. Die Feiertage. Weihnachten, Silvester. Die Familie trifft sich. Schon immer, aber dieses Mal umso mehr. Wer weiß, ob wir uns noch mal in dieser Konstellation sehen werden.

Alles geht vorbei. Seine Grippe. Seine Infektionen. Wir kämpfen mit schwersten Geschützen, um sicher zu gehen. Es gibt schon genug Risiko.

Alles geht viel zu schnell vorbei. Die Wochen, die Monate. Die Genehmigung für die neue Behandlung kommt immer noch nicht. Wir haben uns soviel davon versprochen. Es sei sogar besser als eine Chemotherapie, haben wir gehört. Seit sie es uns vorgeschlagen hatten, haben wir regelmäßig telefoniert. Alle zwei Wochen, dann jeden Monat. Christophes Onkologe steht auf unserer Seite, aber es war einfach nichts zu machen. Wir üben uns in Geduld und behalten ein bisschen Hoffnung.

Wir haben ganz lange gehofft, bis wir erkennen mussten, dass Christophe davon nicht profitieren wird. Eine enttäuschte Hoffnung, aber trotzdem eine Hoffnung. Es ist nicht leicht ein informierter und mitdenkender Patient zu sein. Ein Patient, der aktiv an der Gestaltung seiner Behandlung teilnimmt. Mein Engagement besteht darin, wie immer weiter zu suchen. Ich suche im Internet, da, wo die ganze Welt sich trifft. Ich habe den Eindruck, überall gesucht und nichts dem Zufall überlassen zu haben. Aber seine Krankheit ist noch stärker als die Wissenschaft und auch als Christophe.

Dank der Chemo hat Christophe sehr schöne Tage gehabt. Auch, wenn sie immer mehr von krankheitsbedingten Ereignissen geprägt sind. Er nimmt sich dessen ungeachtet die Zeit zum Leben. Er fährt zwei Tage mit Freunden weg. Nicht länger, denn er will nicht weit weg sein von der Hilfe, die er gebrauchen könnte. Jeden Tag versucht er, einen kleinen Ausflug zu unternehmen. Seine Freunde stehen immer und immer wieder zu ihm. Ihre Kraft gibt ihm Kraft.

Nichtsdestoweniger gibt es nach wie vor eine Sache, die ich nicht ertrage: Zuzusehen, wie er in einem Bett schläft, das zu kurz für ihn ist. Seit Jahren schlage ich ihm vor, ein Neues zu kaufen. Dieses 2,10 m lange Bett ist wohl zu kurz für diesen fast zwei Meter großen Mann, aber er mag sein antikes Bett sehr, das wir ihm gekauft hatten, als er zehn Jahre alt war. Seit dem Beginn seiner Krankheit habe ich die Idee, ihm ein längeres Bett zu kaufen, wieder verfolgt. Ein elektrisch einstellbarer Lattenrost sollte auch dabei sein, damit er einfacher immer wieder seine Liegeposition verändern kann, um seine Schmerzen zu lindern. Aber es ist nichts zu machen. Er lehnt es ab. Ich habe noch nicht die richtigen Argumente gefunden, die ihn nachgeben lassen. Und da ich Wert darauf lege, seine Entscheidung zu respektieren ... sieht er darin Geldverschwendung? Ich persönlich sehe nur Zukunft darin. Man investiert nicht in die Gegenwart. „Es ist aber verlorenes Geld!" Ah! Wir kommen der Sache näher.

„Weißt Du, Mutti, bis jetzt ist mein Bett nie zu kurz gewesen, denn ich habe nur darin geschlafen, aber jetzt, da ich so lange im Bett bleibe ..." Diese Aussage genügt mir schon. Ich bestelle das neue Bett. Ich erinnere mich, ihm gesagt zu haben, auch, wenn er nur einen einzigen Tag in diesem neuen Bett verbringen würde, wäre es kein verlorenes Geld. Sein Komfort geht uns über alles. Als sein Vater sah, wie er diagonal in seinem Bett lag, provozierte er ihn: „Du siehst, du hast doch Platz genug!". Unser „Rebell" konnte nicht verhindern, heftig zu reagieren. Und zusammen haben wir gelacht. Wir waren endlich alle einer Meinung.

Das Bett, ebenso wie die Stützen im Bad, sind Zeugen einer Krankheit, die vorübergehend hätte sein sollen. Das Vergängliche verlangt nämlich keine fundamentalen Änderungen im Leben. Christophe akzeptiert zwar, dass seine Krankheit Änderungen mit sich bringt, aber seine Perspektivlosigkeit bringt ihn dazu, ein neues Bett als Geldverschwendung anzusehen. Ich erinnere mich, als Kind einen schönen Film gesehen zu haben, in dem ein Vater für seinen schwerkranken Sohn auf dem Kalender Weihnachten um einen Monat nach vorn verschiebt ... Unter anderem aus diesem Grund bin ich so töricht gewesen. Für ihn. Ich habe ihm meine Motivation nicht mitgeteilt.

Beim Schreiben dieser Zeilen stelle ich fest, wie wichtig dieses Bett in unserem Leben geworden war. Wie konnte nur ein Möbelstück eine so wichtige Stellung einnehmen? Indem wir uns mit diesem Bett beschäftigt haben, blieben wir zukunftsorientiert. Zusammen gehen wir in einige Geschäfte, ohne zu finden, was ihm gefiel. Wenn das so ist, werden wir es machen lassen. Ich übernehme alles. Die Lieferzeiten sind ewig, auch wenn das Leben es nicht immer ist. Wir warten. Der Schreiner, der schon so schnell wie möglich die Renovierungsarbeiten für sein Studio übernommen hatte, antwortet noch einmal auf unseren Notruf, und liefert das begehrte Objekt.

Kapitel 38

Mails

Mittwoch, 24. März 2004 – 23:09

Habe gerade die 2. Therapie abgeschlossen und bin dabei mich wieder ein bisschen zu regenerieren. D. h. die Blutwerte steigen wieder in den Normalbereich und ich bekomme wieder Farbe im Gesicht. Vielleicht wachsen auch die Haare bald wieder. Nicht, dass ich eine Glatze habe, aber der Verlust ist wohl sichtbar. Naja, ansonsten steht vielleicht eine Folgebehandlung im April in M. an. Da handelt es sich um eine Radioimmuntherapie, bei der die metastasierten Stellen so bestrahlt werden, dass diese wohl kaputt gehen. (ganz banal geschrieben!). Das ist zumindest das nächste Ziel. D. h. die Krankheit wird zum Full-Time-Job. Leider.

Aber ich mach' das Beste draus. Immer schön langsam und noch Spaß im Leben haben, denn alles wird gut!

Dienstag, 27. April 2004 – 17:23

Wegen Freitag: Ich war gerade beim meinem Doc. Und wir haben auf jeden Fall ein paar neue Untersuchungen veranschlagt, um die Schmerzen am Bein vielleicht bald mal angehen zu können. Fazit ist, dass ich am Freitag leider einen Termin um 14h30 bekommen habe, den ich auch wahrnehmen muss! Ich kann aber danach gerne irgendwo hinkommen und wir setzen uns dann schön in die Sonne, oder so. Was hältst Du davon, dass wir so verbleiben, dass ich mich nach meinem Termin bei Dir melde und wir uns dann treffen. Bin dann auf jeden Fall mobil. Ich denke, dass ich spätestens gegen 15h30 fertig bin. Ich melde mich dann und wir schauen, wo Du bist und was halt ganz gut sein wird... OK?

Bzgl. der Schmerzen habe ich meine Dosis erhöht und habe meinen Arzt gefragt, wieweit ich gehen kann. Daher sind kurze Strecken zu Fuß in Ordnung und das Autofahren habe ich mir noch nicht nehmen lassen... ☺

Kapitel 39

Schwäche

Er macht seine Chemo weiter. Es wird immer deprimierender. Es ist so schwierig so lange zu hoffen. Seine Vorhaben werden immer in Frage gestellt. Kann er morgen das realisieren, was er gestern vereinbart hat? Seine Zuversicht in die Zukunft war bislang seine größte Stärke.

Es gibt diese dreiwöchigen Termine, die zur Qual werden. Nicht nur körperlich, sondern vielmehr seelisch. Bei einem seiner seltenen gefühlsbetonten Momente teilt er mir mit: „Das ist wie, wenn ich zur Hinrichtung gehen würde." Was kann eine Mutter darauf antworten? Das hat mir so wehgetan, dass ich ihn nur streicheln konnte, um ihn zu trösten. Wir sind zusammen und wir werden zusammen bleiben. Kann diejenige, die ihn auf seinem schmerzhaften Weg begleitet, immer die richtigen Worte finden? Ich konnte es nicht. Die Chemo ist wie eine Etappe in dieser fortschreitenden Krankheit, wie eine Station auf der Reise unseres Zuges.

Ganz am Anfang seiner Erkrankung haben wir uns nur eins erhofft: Ihn so lange wie möglich unter den besten Bedingungen leben zu sehen: Eine große Menge Leben mit der bestmöglichen Lebensqualität. In der Tat hat die Chemo ihm eine gewisse Lebensqualität zurückgebracht. Ich wage dennoch zu denken, dass die wohltuenden Wirkungen der Chemo die Nebenwirkungen überwogen haben. Ich erinnere mich noch an meine Anfangszweifel gegenüber der Chemotherapie. Im Nachhinein bin ich überzeugt, dass die Chemo einen positiven Effekt erwiesen hat. Auch er weiß, wie unabdingbar diese Behandlung ist.

Trotz all dieser Schwierigkeiten, lässt sich Christophe nicht unterkriegen. Er hat immer von der Zeit, die ihm das Leben geschenkt hat, profitiert. Er plant seinen Sommer, der seine Wiedereingliederung in die Arbeitswelt bringen soll. Nicht viel, nicht lange. Es wäre doch so schön wieder eine Aufgabe zu haben, eine Funktion, einen Lebenszweck, sich nützlich zu fühlen. Sein Chef ist sehr entgegenkommend. Zusammen finden sie eine Lösung. Christophe ist begeistert. Er wird die Arbeit, die Organisation kontrollieren... Die Zukunft lächelt ihn an. Diese Geste gibt ihm die Kraft, bis zuletzt leben zu wollen.

Mitte März ist der zweite Chemozyklus zu Ende. Wir entspannen uns. Die Ergebnisse sind nicht so günstig, wie nach dem ersten Zyklus, aber doch auch nicht schlecht. Warum sollen wir nicht das Glück haben, noch ein paar Jahre zusammen zu leben? Es geht doch alles einigermaßen.

Kapitel 40

Zweiter Rückfall

Es gibt eine enorme Diskrepanz zwischen dem, was wir erleben und dem, was unsere Freunde empfinden. Wie kann man erklären, was passiert, wenn einerseits Christophe jeden Tag ausgeht, wenn er sich bei zufälligen Treffen herzlich zeigt und ihn andererseits einige Stunden pro Tag so erschöpfen? Unsere Freunde sind aufmerksam, verstehen es aber nicht so recht. Wie könnten sie es auch? Bin ich für sie zu pessimistisch? Ich fühle mich als Realist. Ich habe nicht die Kraft, mir Illusionen zu machen, um Enttäuschungen zu vermeiden. Das ist die Art seines Vaters und mir, uns auf das Schlimmste vorzubereiten. Unsere Art jeden zusammenverbrachten Moment zu genießen. Wir alle vier sind so eng verbunden. Es ist wunderbar, noch so lange mit ihm leben zu können, trotz allem was wir schon erlebt und befürchtet haben. So weit wie möglich das Ende unseres Glücks zu verschieben, ist das Ziel unserer Anstrengungen. Bis zu Ende leben, nicht vorher aufgeben. Leben. Mit ihm leben.

Dank der Medikamente kann er den Anschein, ein normales Lebens zu führen, wahren. Er hat endlich akzeptiert, die Dosierung dem Schmerz entsprechend anzupassen. Ich weiß aber auch, dass die hohe Dosis ein Risiko darstellt. Dennoch: Wozu sollte man vor lauter Schmerz ans Bett gefesselt sein, wenn die Medizin ein paar erleichternde Lebensmomente ermöglicht? Ein bisschen Glück.

Dennoch, wie unter einem Damoklesschwert, erschreckt uns die Angst, dass er nicht mehr aufstehen könnte. „Nur noch im Bett liegen! Das nie!" Es gibt bereits so Vieles, das er nie erleben wollte. Er hat schon die Erfahrung so vieler erster Male gemacht, unter anderen die, mit dem Rollstuhl in der Palliativ-Klinik. Da gab es aber eine positive Entwicklung. Er kam wieder hoch. Aber dieses Mal fühlen wir doch, dass es nicht mehr besser werden würde.

Der Zug rast ungebremst.

Im Mai treten die Knochenschmerzen erneut wieder auf. Er ist fasziniert von den Sicherheitsmaßnahmen, die eine Nuklearbehandlung mit sich bringt: Strahlenschutz ist oberste Priorität. Er informiert sich. Er ist in seiner Domäne: die Technik. Er kämpft mit sich selber: Seine Leidenschaft für Technik einerseits und andererseits sein Hass; Der Hass gegenüber einer zusätzlichen Behandlung, Hass immer weiter kämpfen zu müssen, Hass keine Ruhe zu finden.

Das letzte Statement ist nicht zufriedenstellend. Alles ist befallen. Alles geht viel zu schnell für mich. Aber doch nicht schnell genug für Christophe: „Wenn ich es könnte, würde ich auf die Schnellspultaste drücken…" Er tadelt mich, als ich versuche ihn zu trösten, sagt mir, dass ich nicht alles in rosa malen solle. Aber nein, ich male nicht in rosa. Aber warum sollten wir nicht alles, was wir schon geschafft haben, sehen. Warum sollten wir nicht glauben, dass die Tage noch schön sein könnten? Dass er morgen noch lachen wird? Man muss sich immer daran erinnern, dass das „in den Tag hinein zu leben" der Schlüssel für alle Glücksmomente ist, die unseren Weg markieren. Ich kann auch nicht viel mehr erhoffen als er selber. Er findet in meinen Augen die Tränen, die er erwartet. In einer innigen Umarmung weinen wir. Es ist das zweite Mal.

Beim Arzt hat er die Kraft, gefasst und ruhig zu bleiben, als er sich für einen dritten Chemotherapiezyklus entscheidet, der sofort stattfinden muss. Ich glaube, dass er von da an versteht, dass die Hoffnung klein ist: Entweder die Krankheit oder die Chemo zerstört seinen Körper. Ich fühle mit ihm. Ich bin in gewissem Maße in Symbiose mit ihm. Ich leide, wie er leidet. Ich bin unendlich traurig, er geht und ich lebe: die Welt steht Kopf.

Sechs Tage im Krankenhaus, denn am Wochenende gibt es keine ambulante Behandlung. Sechs Tage Quälerei. Sechs Tage Hölle. Seine Psyche macht nicht mehr mit. Der Körper schmerzt. Er trinkt nichts trotz aller Bemühungen des Personals ihm das Beste anzubieten. Er isst auch nichts mehr. In einer tiefen Verzweiflung schaltet er total ab. Er lehnt alle unsere Besuche ab, schickt uns nach fünf Minuten weg. Er will allein sein. Wir dürfen ihm nicht böse sein. Wir sind aber ratlos. Er will trotzdem seine Behandlung weiter machen, um nicht den Kampf aufzugeben. Es kostet ihn sehr viel Kraft. Um fünf Uhr ist die Behandlung zu Ende. Sofort danach ruft er mich an, dass ich ihn abholen soll. Er legt sich hin und vergräbt sich drei Tage lang: Kopfkino.

Wieder reißt er sich zusammen. Noch ein Mal kommt er wieder hoch. Er geht wieder raus. Seine Ausgänge werden immer kürzer, da er sich so schwach fühlt. Er geht aber immer weiter. Er fühlt wohl, dass er nicht wird arbeiten können. Er verschiebt es. Seit siebzehn Monaten erträgt er mit Tapferkeit alles, was ihn zerstört.

Er kämpft weiter. Er geht weiterhin zum Arzt: Bluttransfusionen, Blutplättchen...

Ein kleines Glück: Die Lieferung des neuen Bettes. Er hat es haben wollen und will es unbedingt selbst zahlen, denn es ist sein Bett! Er ist glücklich wie ein König. Er kann sich nichts Gemütlicheres vorstellen. Dieses Projekt konnte doch verwirklicht werden! Ein kleiner Glücksmoment! Er profitiert wenigstens ein paar Tage davon …

Kapitel 41

Alltag

Er kämpft weiter, um sich nicht gehen zu lassen, um sein Leben, um jeden Tag das Glück zu treffen.

Das Telefon bleibt seine Verbindung mit der Außenwelt. Er hat schon immer Stunden an der Leitung mit seinen Freunden verbracht um alle Probleme zu besprechen, seine und ihre. Er meint nichts Interessantes mehr erzählen zu können, da er kein eigenes Leben mehr habe. Es gäbe nur noch die Krankheit. Er spricht sachlich über die Entwicklung seiner Krankheit, über die Untersuchungen, die stattgefunden haben oder die stattfinden werden, bespricht auch die Ergebnisse. Anschließend wechselt er schnell zu anderen Themen über, zu Themen des Lebens. Wie oft habe ich ihn sagen hören: „Was soll ich erzählen? Ich habe keine Neuigkeiten. Ich mache doch nichts Besonderes mehr." Er fürchtet, langweilig zu werden.

Infolge seiner langen Telefonabende pflegt er zu schlafen, wenn seine Freunde arbeiten. Er schläft bis zwei Uhr nachmittags, steht auf, macht sich fertig und nach einem „Guten Tag und... Tschüss" fährt er mit seinem kleinen Auto los, wenn seine Kräfte es zulassen.

Für mich waren diese langen Vormittage immer schwierig: Ich hatte ewige Angst. Geht es ihm gut da oben, im ersten Stock? Ich höre nichts. Mittag, ein Uhr, zwei Uhr, und wenn es ihm schlecht geht? Ich habe ihm immer empfohlen, darum gebeten, darum gebettelt, mich intern anzurufen, falls etwas nicht in Ordnung sein sollte. Nie hat er es getan, bis auf ein einziges Mal am letzten Tag. Einerseits, vielleicht weil alles gut ging und andererseits, weil er weiterhin seine Autonomie schützen wollte. Er war der Meinung, dass es genügte, dass er leidet: „Warum soll ich die anderen leiden lassen? Du kannst sowieso nichts machen. Also, dann warum?" Das war seine Charakterstärke. Sicherlich respektiere ich seine Unabhängigkeit. Ich hatte schlechthin Angst. Angst nicht rechtzeitig bei ihm zu sein, dabei zu sein. Wie man um den Kleinen, den man nicht hört, Angst hat. Ich war eine besorgte Mutter geworden, er aber war nicht wieder ein Kind geworden. Dies hat achtzehn Monate gedauert. Er war so seelenstark.

Manchmal meldet er sich überhaupt nicht. Ich kann mich auf nichts konzentrieren und drehe mich im Kreis. Wenn ich nach oben gehe, wenn ich mit ihm spreche, dann endlich – und das weiß ich – wird meine Furcht wie Schnee in der Sonne schmelzen. Täglich mehr peinigen mich diese Gedanken zwangsläufig. Und jeden Tag wieder bin ich erleichtert, wenn ich ihn sehe. Anschließend frage ich mich jeden Tag, warum ich ihn nicht in Ruhe lassen kann, ohne mir so viele Sorgen zu machen.

Jeden Tag, seit achtzehn Monaten, dasselbe Szenario:

Da ich es oft nicht mehr aushalten kann, besuche ich ihn dann doch, mit dem Risiko, ihn zu verärgern, was er mir unmittelbar mitteilt. Sein Kopfkino, wie er es nennt, paralysiert ihn für drei Tage. Er isst fast nichts, steht nicht auf, hat keinen Kontakt mehr mit der Außenwelt. Sein Telefon ist ruhig gestellt. Diese drei Tage, die er sich gönnte, waren auch sein eigenes Limit. Er weiß, dass dies nicht ein Dauerzustand werden dürfte. Spätestens am vierten Tag zwang er sich aufzustehen und auszugehen. Diese Tage waren unendlich.

„Kopfkino" ist sein Ausdruck. Als ich eines Tages dieses Wort benutze, hat er mir schnellstens klargemacht, dass nur er dazu befugt war, es zu benutzen.

Am Nachmittag hat er eine kleine Tour mit seinem kleinen schwarzen Auto gemacht, sein ganzes Glück. Ohne Termin und bei schönem Wetter öffnet er dann das Dach weit, um die Sonne und den Wind wie einen Sinnenrausch zu spüren. Er fährt, um seine Umgebung zu entdecken. Er nimmt die Schönheit der Natur wahr. Ich selber habe mehr als fünfzig Jahre gebraucht, um dahin zu kommen. Er hat so wenig Zeit vor sich.

Kapitel 42

Mittwoch, 16. Juni

An diesem Mittwochabend, nachdem er mir einen wunderbaren Blumenstrauß aus Eremus geschenkt hat, hat er sich zu uns
zum Essen an den Tisch gesetzt, obwohl er schon seit einigen
Tagen kein Essen mehr sehen konnte. Er isst fast nichts mehr
seit einigen Wochen. Er sagt mir, um sich selber zu betrügen
und auch um mich zu trösten: „Du weißt nicht, wann und wo ich
esse!" Es gab zahlreiche erste Male, jedes schwieriger als das
Vorherige. Nun ist der Moment für uns gekommen, die letzten
Male zu erleben. Da wissen wir es aber noch nicht. Besser, als
jeder andere, fühlt er die Änderung in seinem Körper. Dadurch
kann nur er feststellen, wie unwirksam die Behandlungen inzwischen geworden sind. Beim Essen spricht er mit uns über
das Thema „Tod". An diesem Abend haben wir unseren letzten
tiefsinnigen Gedankenaustausch: Ich frage:

„Zuerst zu den Blumen. Warum?"

„Für das Bett, denn ich freue mich riesig und auch, um Euch
Danke zu sagen." Um sich bei uns zu bedanken? Weil er alles
geschätzt hat, was wir für ihn gemacht haben. Er, derjenige,
der immer danach gestrebt hat, selbstständig zu sein. Damals
konnte ich noch nicht wissen, dass alles so endgültig sein würde. Man stirbt so schnell! Ich habe mir keine falsche Hoffnung
über die Zukunft gemacht, dennoch fühlte ich nicht, dass der
große Abschied uns so nahe bevorstand.

„Habt Ihr schon an meine Beerdigung gedacht?"

Was für eine Frage? Schon letztes Jahr hatte er uns damit
konfrontiert. Damals hatte ich kein Wort antworten können,
obwohl ich mich damit sehr beschäftigt hatte. Mein Mann hatte

ganz einfach geantwortet, dass er derjenige sei, der uns sagen solle, was er sich vorstelle. Dieses Mal sind wir besser vorbereitet. Er fügt hinzu: „Ich weiß nicht, ob es einen Gott gibt oder ob es irgend etwas nach dem Tod gibt. Ich habe davon keine Ahnung. Ich glaube aber schon, dass der Körper nur die Hülle unserer Seele ist. Wohin sie geht? Was mit ihr wird? Ich weiß es nicht, aber ich glaube daran. Für den Körper, denke ich, dass es einen Ort der Begegnung geben sollte. Das ist wichtig für Euch, für diejenigen, die bleiben. Die Beerdigung ist mir aber egal. Macht was ihr wollt." Meiner Meinung nach sieht er alles ein bisschen zu schwarz, wie letztes Jahr, als wir über den Tod gesprochen haben. Aber wo ist denn sein Lebensdurst? Er hat einen leisen Zweifel in mir geweckt.

„Wenn ich es könnte, würde ich jetzt aufhören."

Es ist kaum zu ertragen, so etwas zu hören. Ich muss trotzdem eine Antwort finden, denn ich verstehe ihn so gut. In solchen Fällen ist es unglaublich, wie blitzschnell die Gedanken arbeiten. Ich weiß, dass ich nicht schon wieder positiv reagieren kann. Ich muss den Dialog aufnehmen, ich muss ihn ernst nehmen, nicht ausweichen und vor allem ihm zuhören. Ich frage ihn, was ihn daran hindern würde. Ich zitiere ihn: „Wenn ich es nicht tue, ist es nur euretwegen. Man lebt nicht für sich, sondern für das, was man für die anderen ist." Halblächelnd blickt er nach mir, denn genau diese Worte hatte ich ihm erwidert, auf seine Frage: „Wozu das alles?" Eine meiner Freundinnen, die eine nicht minder schmerzliche Erfahrung gemacht hat, hatte mir diese Antwort geschenkt. Er fügte noch hinzu: „Und wie würde Nathalie damit fertig werden?" Nathalie? Seine Schwester.

In einigen Minuten wurde alles ausgesprochen.

Er mochte keine lang anhaltenden Diskussionen. Letztes Jahr hatte er uns mitgeteilt, seinen Körper der Wissenschaft geben zu wollen. Dieses Mal spricht er von einem Ort der Begegnung.

Er hat einen langen Weg hinter sich, begleitet von vielen Personen, die es geschafft haben, ihm einen Lebensinhalt zu geben und ihn darin bestärkt haben, die notwendige Kraft zu finden, sein Schicksal zu ertragen. Verbrannt? Begraben? Das konnten wir, das sollten wir entscheiden. In dieser unfassbaren Wirklichkeit fühlt er sich verantwortlich.

Das passierte am Mittwochabend.

Am Montag, hatte er sich mit seiner guten Fee getroffen. Am Dienstag ist er beim Arzt zu einer Bluttransfusion gewesen. Seine kleinen Ausflüge werden aber von seiner Übelkeit immer mehr eingeschränkt.

Am Mittwoch, an diesem Tag also, hat er in Begleitung einer treuen Freundin diese Blumen gekauft, die in Terracotta-Farbe, eine meiner Lieblingsfarben, sein sollten. Wir nehmen für die Beerdigung wieder dieselben Blumen.

Am Donnerstag geht er mit einer anderen, treuen Freundin aus und teilt ihr sein Empfinden mit: „Dieses Wochenende wird was passieren!"

Kapitel 43

Mail

Mittwoch, 16. Juni 2004 – 03:01

Ja, ich lebe noch! Die Entscheidung, eine neue Therapie zu beginnen, war wohl die einzigst richtige. Nur dass mich das Ganze wieder so weggehauen hat, hätte ich nicht gedacht. Ich bin die letzte Woche wirklich mal wieder durch die Hölle gegangen. Hatte Bock auf Keinen mehr, kein Telefon, kein Kontakt, nur der Fernseher, der ganz treu vor sich hin dudelte.

Leider habe ich die Chemo nicht gut vertragen, so dass ich sowohl Essen als auch Getränke nicht drinnen behalten habe. Alles kam wieder raus. Dementsprechend habe ich abgenommen. Unglaublich! Seit letztem Samstag geht's so langsam wieder aufwärts. Ich behalte wieder was im Bauch und Schmerzen haben nachgelassen und mein Wohlbefinden bessert sich langsam wieder. Ich war wirklich am Ende! Oh man!

Naja, ich glaube man kann das so und so nicht in Worte fassen!

Kapitel 44

Donnerstag, 17. Juni

Auf dem Nachhauseweg in seinem perfekt gepflegten Auto erhält er von seiner „Chefin" einen Anruf, den er abbrechen muss, weil er sich so schwach fühlt.

Es ist neunzehn Uhr.

Seit eh und je ist neunzehn Uhr Abendessenzeit bei uns gewesen. Er hat mir mal gestanden, dass er als Teenager vor der Tür gewartet hatte, um nicht eine Minute zu früh nach Hause zu kommen! An diesem Abend kommt er um neunzehn Uhr zurück und teilt uns mit, sich sehr müde zu fühlen. Wie schon so oft ist seine Schwester gekommen, um mit ihm den Abend zu verbringen. Um während des Essens bei uns zu sein, setzt er sich in den bequemen Wohnzimmersessel. Er fühlt sich nicht stark genug, um bei uns am Tisch Platz zu nehmen. Er hat auch nicht mehr die Kraft, an unseren Gesprächen teilzunehmen. Im Fernsehen gibt es Fußball. Wir sind keine Fans. Dennoch, wenn Frankreich oder Deutschland beteiligt sind, dann ... Außerdem war es ein Finale! Das Spiel beginnt und er bleibt trotzdem erschöpft liegen.

Normalerweise sieht er mit seinen Gästen bei sich oben im Home-Cinema fern. Kein Vergleich zu der Qualität der Anlage der Eltern.

Während des Spiels kommt ein Anruf meiner Schwägerin, die als Krankenschwester mehr Erfahrung hat als ich. Sie sagt mir, was wir eventuell noch tun könnten. Jede Information ist wesentlich, vor allem, wenn man die Ärzte durch scheinbar unbedeutende Fragen nicht belasten will. Die verschiedenen Möglichkeiten in Betracht zu ziehen ändert die Zukunft in keiner

Weise. Dennoch, diese erörterten Vermutungen lassen nichts Unvorhergesehenes geschehen. Auf alle Fälle bleibt die angemessene Behandlung eine ewig offene Frage. Lebenswichtige Frage par excellence! Die Krankheit überfordert uns sowieso. Das einzig Wichtige für Christophe ist, nicht zu leiden. Für uns auch. Nach diesem telefonischen Austausch erkläre ich ihm behutsam, dass sein Körper sowohl Flüssigkeit als auch Nahrung braucht. Es wäre vielleicht ratsam ins Krankenhaus zu gehen, wo er Hilfe finden würde … Ich beende dieses Gespräch mit den Worten: „Christophe, wir tun, was Du für richtig hältst. Wenn es nicht heute Abend ist, dann Morgen vielleicht. Du entscheidest."

Die Freude, zu viert zu sein, ist mehr oder minder durch die innere Unruhe getrübt, ihn in so schlechter Verfassung zu wissen. Während des Spieles macht er immer wieder die Augen zu. Nachdem er sein Telefon mittels Umleitung neutralisiert hat, geht er zu Bett. Das hat er schon so oft gemacht, um sich von der Welt abzukapseln: Sein Handy wird auf das Festnetz umgeleitet und umgekehrt. Es ist erst elf Uhr. Viel zu früh für ihn.

Kapitel 45

Freitag, 18. Juni

Am Freitagmorgen warte ich. Ich habe wie jeden Tag gewartet, überwältigt von Zweifeln und von Furcht. Aus Rücksicht auf seine Wünsche habe ich noch einmal bis vierzehn Uhr gewartet.

Endlich! Es ist vierzehn Uhr! Ich gehe zu ihm. Er fühlt sich nicht wohl, will aber immer noch nichts unternehmen: „Es wird schon schief gehen!" Was für ein Ausdruck! Ein bisschen Pessimismus mit einem Hauch Hoffnung. Oder ist es nur Hoffnung?

Trotz der verschiedenen Symptome, die ihn tyrannisieren, trotz meiner Rufe zur Vernunft sowohl am Vortag als auch an diesem Morgen lehnt er es ab, Hilfe in Anspruch zu nehmen. Ich weiß, dass er keine Kräfte zum Kämpfen mehr hat, dass er auf das Ende wartet, dass er es kommen spürt. Wir hatten uns darüber unterhalten, an diesem Mittwoch der Blumen. Es ist seine Entscheidung, die ich respektiere, wie ich immer versucht habe seine Entscheidungen zu respektieren. Es ist alles, was ihm an Freiheit bleibt. Er hat alles getan, was in seiner Macht stand. Sein Körper gibt nach. Er ist erschöpft.

Er versucht mit seinem Arzneisortiment zurecht zu kommen. Er kennt sie gut all diese kleinen bunten Kapseln und Pillen, all diese Tropfen und Spritzen. Er will es allein bewältigen. Allein!

Er verbringt seinen Freitag im Bett. Kopfkino-Tag? Wir haben ihn schon oft genug erlebt. Er isst nichts. Das ist aber nichts Neues. Und sowieso hat er mir schon gesagt, dass ich nicht wisse, was er isst.

Mit einer zusätzlichen Sorge muss er fertig werden: Er hat eine Einladung zu einem Konzert am Samstagabend. Drei Tage zuvor, als es Christophe nicht ganz so schlecht ging, hat ihm sein Vater mitgeteilt, dass er die Karten Monate zuvor erworben hatte. Christophe ist verstimmt. Das ist zuviel für ihn. Er wirft seinem Vater vor, nicht früher mit ihm darüber gesprochen zu haben. Sein Vater hatte ihn nicht unter Druck setzen wollen und er konnte nicht wissen, dass sich alles so schnell verschlechtern würde.

Christophe fühlt sich aber zu schwach. Mit uns spricht er einfach nicht darüber, um uns zu schonen, um uns kein Leid zuzufügen. Er möchte sich nicht gehen lassen und immer nur von seinem Schicksal reden.

Hat er uns nicht schon auf seinen nahen Abschied hingewiesen, an diesem Mittwoch der Blumen?

Kapitel 46

Samstag, 19. Juni

Samstagmorgen gehe ich früher als gewöhnlich nach oben. Ich kann nicht länger abwarten. Ich befürchte das Schlimmste. Und das habe ich doch schon so oft befürchtet, auch als es ihm nicht schlechter ging. so dass ich nicht mehr weiß, woran ich bin. Mit Vernunft will ich meine Befürchtungen beherrschen, die sich aber als unbeherrschbar erweisen.

Ich fühle wohl, dass das Ende nicht weit ist, will es aber noch nicht einsehen.

Das Ende? Seine Erlösung.

Die zuversichtlichen Worte meiner Freunde wirken immer irrealer auf mich. Ich sehe seinen schwachen Zustand, sie sehen seine Ausflüge. Ich höre seine Klageandeutungen, sie hören sein Lachen. Er will nicht außerhalb seines Zuhauses als Kranker gelten.

Ich muss zugeben, dass ich das Ende mit einer langen Bettruhe verbunden hatte, mit einer langsam steigenden Schwäche. Das hatten wir am meisten befürchtet, da wir zu gut wussten, wie es ihn belastet hätte. Denn, so lange er ausgehen kann, gibt es Leben.

Wie geht es ihm an diesem Samstagmorgen? Er hat Bauchschmerzen, oberhalb des Bauches genauer gesagt. Er vermutet: am Zwerchfell. Er meint, Krämpfe zu haben, wegen seiner immer wiederkehrenden Übelkeit. Die Richtigkeit seiner Worte spielt keine Rolle. Er will keinen Arzt sehen. Er trinkt und isst nichts. Um Zehn Uhr schickt er seiner Schwester eine SMS, um ihr zu bestätigen, dass er zum Konzert gehen wird.

Er bittet um Informationen über die Dosierung eines Medikaments, dessen Beipackzettel er verloren hat. Samstag, Wochenende, der behandelnde Arzt steht nicht zur Verfügung! Soll ich das Krankenhaus anrufen? Das ist eine Möglichkeit. Im Internet gucken? Eine andere. Bei der Apotheke nachfragen? Ja, das ist das Einfachste. Die Antwort ist unerbittlich. Er hat dreimal zuviel eingenommen. Ist es schlimm? Soll man was unternehmen? Der Gedanke, ob es Gleichgültigkeit war oder Unbeholfenheit, hat mich lange beschäftigt. Im Nachhinein weiß ich, wie wichtig es für ihn war und auch in diesem Moment, allein zu entscheiden.

Er hat alles, was er braucht, neben seinem Bett, so dass er nicht aufstehen muss. Er schweigt. Er möchte Tee. Ich bringe ihm welchen. Er will allein bleiben. Ich lasse ihn allein. „Für das Konzert, um wie viel Uhr müssen wir los?" „Um 17h30." Das heißt in vier Stunden.

Das Telefon klingelt. Es ist ein interner Anruf. Er ruft an. Er sagt ab. Er kann nicht. Ich gehe zu ihm. „Nichts Spezielles, sagt er. Ich fühle mich aber nicht wohl. Mach Dir keine Sorgen." Was soll man anderes als sich Sorgen zu machen?

Seinen Vater nicht zu dem Konzert begleiten zu können, ist für ihn eine sehr große Enttäuschung, denn er wäre so gern der Einladung gefolgt. Alles war schon organisiert. Vielleicht aus Kräftemangel, hatte er es nicht selber gemacht. Er hatte uns anrufen lassen, um Behindertenplätze zu reservieren.

Es tut mir Leid, meinen Mann, seinen Vater, allein wegfahren zu sehen. Es tut mir unendlich Leid, zu sehen, wie schlecht es Christophe geht. Er drängt mich, an seiner Stelle mitzufahren. Es gäbe doch kein Problem. Er sei schon öfter allein geblieben. Er fragt mich dann: „Wenn jemand anderer bei mir wäre, würdest Du dann gehen?" Meine tröstende Antwort: „Ja, sicher!" ist nur ein armseliges Jonglieren. Warum bin ich nicht auf seine provozierende Frage eingegangen? Wollte er mit mir sprechen? Meine Gefühle sind so sehr durcheinander, dass ich nicht mehr in der Lage bin, klar zu denken. Für mich liegt er da so geschwächt, dass jegliches weitere Gespräch ihn zu sehr belasten würde. Hätten wir über Abschied reden sollen? Wenn er es gewollt hätte, kann ich nur noch hoffen, dass er die Initiative ergriffen hätte.

Warum müssen wir immer den Fehler bei uns suchen? Habe ich genug getan? Habe ich es auch richtig getan? Hätte ich ...? Wir würden so gern verstehen können, warum der Tod uns unsere Lieben raubt, sogar sind wir bereit, uns für schuldig zu halten. Damit ist die Frage beantwortet. Dennoch ist diese Antwort kein Trost. Immer wieder tauchen neue Fragen auf. Und ob ich doch irgendwie verantwortlich wäre? Nein, ich weiß wohl, dass ich keine Schuld trage. Weder ich, noch irgendjemand. Es ist womöglich ein Fehler der Natur. Es würde aber so hilfreich sein, einen Verantwortlichen zu finden! Dennoch würde es nichts an der Tatsache ändern, dass er gehen muss. Wir müssen bleiben.

Wieder einmal darf ich ihm nicht meine Angst, Furcht, Hoffnungslosigkeit, Hilflosigkeit zeigen, stattdessen gebe ich ihm meine Liebe, Anwesenheit, Stärkung, Hilfe... einfach alles. Eine Diskrepanz zwischen Empfindungen und Absichten, die im Nachhinein immer wieder quälen.

Wie oft musste ich schon über meine Ängste schweigen. Obwohl er es nicht aushalten kann, lasse ich sie manchmal zu. Immer wieder habe ich ihn in den Arm genommen, ihm gesagt, wie unendlich lieb ich ihn habe. Dabei habe ich nur ein oder zwei Mal meinen Tränen freien Lauf gelassen. Einmal hat er mir gesagt, wie wichtig es für ihn gewesen sei, diese Tränen gesehen zu haben. In der Tat weine ich sehr wenig. Ich habe mir ständig Mühe gegeben, meine Trauer vor ihm zu verstecken, wenn die Ergebnisse schlecht waren, wenn wieder eine weitere Stufe erreicht wurde, wenn er litt, wenn ... Die Fassung zu wahren, kann als Gefühllosigkeit interpretiert werden und zu deutliches Mitleiden, als eine Belastung für den Kranken.

Wie dem auch sei, ich hätte nie meinen Platz an diesem letzten Samstag aufgeben wollen. Doch, an seine Schwester. Aber an diesem Tag, schreibt sie gerade eine Klausur in der Uni. Seine Schwester und sein Vater sind die zwei einzigen Personen mit denen ich diese Verantwortung, ihn zu begleiten, teilen kann, ohne das Gefühl zu haben, ihn zu verlassen. Wir Vier sind Eins in diesem Kampf. Auch wenn es mir nicht leicht gefallen ist, teile ich den Platz an Christophes Seite mit ihnen. Auch sie wollen ihrer Liebe zu ihm Ausdruck verleihen. Das ist nicht schwierig zu verstehen. Aber nicht bei ihm zu sein, falls etwas passiert, belastet mich sehr. Ich erinnere mich schmerzlich an seine erste Bluttransfusion, als ich nicht bei ihm sein konnte. Ein Mensch gehört niemandem, auch wenn man ihn noch so sehr liebt.

Sein Vater fährt allein zum Konzert. Was sollte man sonst tun? Eine Stunde später erreiche ich unsere Tochter, die ihren Vater beim Konzert treffen wird.

Im Nachhinein ist mir klar, welche Not uns ergriffen hat, aber es kam nicht in Frage, dass wir unsere Fassung verlieren. Es war unsere stillschweigende Abmachung: Kämpfen, noch mal kämpfen und immer wieder kämpfen, um bis zum sich unerbittlich nähernden Ende da zu sein.

Ich bleibe zu Hause bei Christophe. Er ist aber zu müde und lehnt meinen Vorschlag ab, bei ihm Platz zu nehmen. Er möchte allein sein.

Unten gehe ich meinen Beschäftigungen nach. Ich mache mir große Sorgen. Ich rede mir ein, dass es ein zusätzlicher Kopfkino-Tag ist. Jedoch scheint es mir schlimmer, denn sonst hätte er nie ein Konzert abgesagt.

Warum ich mich an den Computer setze und eine Datei mit den Adressen unserer Freunde und Bekannten herstelle? Das werde ich nie herausfinden. Eine Vorahnung? Ich wollte das schon längst getan haben und hatte es immer vor mir hergeschoben. Ich bin aber sicher, dass ich damals keine Hintergedanken hatte. Da ich allein bin, und ich Zeit habe, fange ich ganz einfach an. Diese Datei wird uns sehr hilfreich sein, um später die Todesanzeigen zu verschicken.

Neunzehn Uhr. Unsere Essenszeit. Ein guter Grund ihn zu besuchen. „Brauchst du etwas? Tee? Etwas zu essen?" Alles muss so sein, wie immer. Regelmäßigkeit gibt Halt und Sicherheit. Was brauchen wir mehr in diesem Moment? Ich bringe ihm einen Tee.

Er lädt mich ein, einen Film mit ihm anzusehen. Ich bin begeistert bei ihm sein zu können, und lasse mir das nicht zweimal sagen. Niemals sehe ich bei ihm fern, ohne ausdrücklich eingeladen worden zu sein. Ich weiß, was für ihn Unabhängigkeit bedeutet. Ich habe schnell den unbedeutenden Film vergessen, den wir zusammen gesehen haben, er vor seinem kleinen Apparat am Fuß seines Bettes, ich in der Wohnecke mit seinem Home-Cinema. Erst am Ende des Filmes, stelle ich fest, dass er nicht bis zu Ende gucken konnte. In seiner Ecke ist alles dunkel, aber er sitzt immer noch in seinem Bett. Irgendetwas stimmt nicht. Zum Schlafen hat er sein elektrisch betriebenes Kopfteil nicht heruntergelassen. Auf meine Frage hin antwortet er, dass er sich wohl fühle, dass es keinen Grund zu Aufregung gäbe.

Beim Schreiben, beim Wiederlesen, frage ich mich, was noch nötig gewesen wäre, um die Lage zu erkennen. Wenn man es aber, Minute um Minute, seit achtzehn Monaten erlebt, denkt man, es sei nur eine weitere Stufe auf dem Weg. Im Leben existiert der Abstand des Erzählens nicht.

Er will nichts mehr. Er will nicht, dass ich bei ihm bleibe. Er will nicht, dass ich mich um ihn kümmere. Ich habe also nichts mehr zu sagen und wie immer bin ich nur bedacht, seine Entscheidung zu respektieren.

Ich trage weiter meine Adressen zusammen.

Was bringt uns dazu, Dinge zu tun, die später eine solche Bedeutung erhalten?

Gegen Mitternacht, quält mich Unruhe. Ich gehe zu ihm. Sein Zustand alarmiert mich. Ich entdecke bei ihm die gleichen Symptome, die meine Mutter vor Jahren geplagt haben: Seine Temperatur ist bei fünfunddreißig Grad, er ringt nach Luft, kalter Schweiß. Christophe fühlt sich kalt an, aber der Schweiß perlt auf seinem ganzen Körper. Ich trockne sanft seine Stirn. Er zieht vor, in Ruhe gelassen zu werden.

Was soll ich bloß machen? Ich kann meine Gedanken nur schwer ordnen. Um alles in der Welt würde ich bei ihm sein wollen. Ich drehe mich im Kreis im Wohnzimmer. Ich nehme das Telefon in die Hand, lege es wieder hin. Wen könnte ich anrufen? Wer könnte uns helfen? Trotz meiner Bemühungen vor Monaten ist es mir nicht möglich gewesen, außer dem Notarzt einen Arzt zu finden, der uns zu Hause Beistand hätte leisten können.

Sein Vater kommt und kommt nicht. Ich rufe ihn an. Er meint, in knapp einer Stunde zurück zu sein. Trotz meiner verrückten Gedanken überlege ich, was ich für Christophe machen könnte. Ich denke an das, was er da oben allein ertragen muss. Ich wage nicht, einen Arzt zu rufen, um ihn nicht zu verärgern.

Endlich ist sein Vater wieder da. Ich bin nicht mehr allein. Wir entscheiden uns, doch etwas zu tun. Ich rufe das Krankenhaus an, wo wir immer hingehen. Die Nachtsschwester informiert mich, dass ihn nur ein Notarzt einweisen kann. Bei der Notaufnahme sagt mir der Arzt am Telefon, dass man trotz der beschriebenen Symptome bis morgen früh warten könnte.

Ich teile es Christophe mit. Ich bin auch irgendwie ein bisschen beruhigt, dass er nicht sofort gegen seinen Willen ins Krankenhaus muss. Um ihn nicht aufzuregen, verzichte ich darauf, bei ihm zu bleiben, denn er lehnt es immer noch kategorisch ab. Zwischen seiner Autonomie und meinen Gefühlen muss ich wieder einmal jonglieren. Er ist mir wichtiger, als ich mir selber. Ich habe weder die Kraft, noch den Willen, mit ihm zu kämpfen. Ich halte mich also daran, ihn alle zwei Stunden zu besuchen. Einerseits bin ich besorgt, andererseits bin ich erschöpft, wie immer in diesen letzten achtzehn Monaten, in denen ich mich wegen meiner ständigen Angst um ihn nur selten ausgeschlafen gefühlt habe. Um zwei Uhr gehe ich zu Bett. Kurz vor vier wache ich auf und gehe hoch. Im Halbdunkel des Treppenhauses erahne ich mehr, als ich sehe, seine weit offenen Augen. Er schläft also nicht. Es geht ihm nicht gut. Was soll man bloß machen? Ich frage nur: „Schläfst Du nicht?" Er antwortet forsch: „Sicher, Du weckst mich ja immer wieder!" So ist es. Er will nicht, dass wir uns sorgen. Er will, dass wir zu unserem Schlaf kommen. Ich vermeide es, ihn wieder zu stören, denn die Nacht ist nicht mehr lang.

Kapitel 47

Sonntag, 20. Juni

Er weiß, dass wir am Wochenende spätestens um neun Uhr aufstehen. Kurz vor neun, ruft er an. Ich springe aus dem Bett, antworte trotzdem mit munterer Stimme, um ihm nicht den Eindruck zu vermitteln, uns gestört zu haben. Er sagt, dass er Hunger habe und etwas essen wolle. Schöne Art um Hilfe zu bitten. Ich bin sprachlos, glücklich, aber unsicher. Abwarten. Mit einer fröhlichen Stimme schlage ich ihm einen Joghurt vor. Es gibt unumstößliche Regeln, um nicht das Gesicht zu verlieren. Jeder behält seine Rolle.

Ich bringe ihm einen Joghurt, ich will daran glauben, aber ich weiß, dass er ihn nicht essen kann. Ich biete ihm einen Trinkjoghurt an, welchen er gerne nimmt und trinkt: Sein Verdauungsproblem ist aber da. Während er trinkt, sagt er mir ganz stolz, sicherlich um uns zu beruhigen, dass das zu hoch dosierte Medikament gewirkt hat. Ich bin begeistert. Ich selber will aber einen Kaffee trinken. Einige Minuten später meldet er sich. Ich gehe hoch, und alles geht sehr schnell, zu schnell: „Es ist besser, wenn ich ins Krankenhaus gehe, um Trinken und Essen zu bekommen." Das ist erst das zweite Mal, dass er den Vorschlag macht, ins Krankenhaus zu gehen. Sein Ringen nach Leben beginnt.

Das erste Mal war es im Februar des Jahres zuvor, das heißt vor siebzehn Monaten, nach einer nicht erkannten Panikattacke, die erst nach der Einweisung in die Palliativ-Klinik endete.

Per Telefon sichere ich mich ab, dass ein Zimmer in „unserem" Krankenhaus zur Verfügung steht. Schmerzlich ist es schon, dass wir keinen Arzt gefunden haben, der uns hätte helfen können, sei es nachts oder auch an Feiertagen.

Ich beruhige ihn und sage ihm, dass wir einen Krankentransport bestellen, um ins Krankenhaus zu fahren. Ich rufe die 112 an. Das ist die richtige Nummer. Ich bestelle das Auto, das in fünfundvierzig Minuten da sein soll. Ich brauche diese Zeit, um mich fertig zu machen und seine sieben Sachen für einen Krankenhausaufenthalt zusammenzustellen. Ich habe schon so oft seinen Koffer vorbereitet, dass ich genau weiß, was er braucht: Wecker, Handy, Portemonnaie, Zahnbürste. Für den Laptop werden wir später sorgen. Verlängerungsschnur und Kopfhörer für den Fernseher, diese T-Shirts und nicht die anderen, diese Hose, Badeschuhe. Er sagt mir, was er braucht, und ich renne überall herum, um alles zu sammeln, um nichts zu vergessen. Sein Vater bleibt bei ihm, während ich alles vorbereite. Wir wollen die Not vergessen. Wir wollen die Gewohnheit respektieren, um noch glauben zu können, dass alles normal läuft.

Ich sage gerade bei unseren Freunden das Treffen ab, als sein Vater mir mitteilt, dass alles schneller gehen müsse, weil Christophe Schwindelanfälle verspüre. Um nicht in Panik zu fallen, atmet er in eine Plastiktüte. Er weiß aus eigener Erfahrung, dass es hilft. Auf diese Weise hatten wir eine Krise einige Monate zuvor abgewendet. Damals hatte er zunächst davon nichts wissen wollen, aber auf meine dringende Aufforderung hin hatte er es versucht. Es hatte ihm geholfen. Wir hatten gewonnen.

Ich rufe wieder die 112 an. Der Wagen soll in zehn Minuten da sein.

Die drei Sanitäter gehen zu ihm hinauf. Die erste Geste: Es ist kein Puls zu fühlen. Er kriegt eine Sauerstoffmaske. Er hat seinen sarkastischen Humor nicht verloren, um ihnen zu sagen, dass diese Maske nicht so gut sei, wie die, die er kannte. Er hat Erfahrung und erinnert sich an sein Leiden, als seine Lungen ihm nicht erlaubten, frei zu atmen.

Ein Sanitäter nimmt mich mit nach draußen in den Flur, um mir klarzumachen, dass er nicht transportfähig sei. Ich finde keine Antwort. Ich weiß doch selber, dass es schlimm ist, und vielleicht noch mehr als das. Aber was kann ich dafür? Ich bin seine Mutter. Das ist mein Sohn, der da liegt, dem es so schlecht geht. Es gibt so viel zu tun, zu organisieren. Ich komme nicht dazu, den Koffer fertig zu packen. Ich sorge für das Wichtigste. Ich überlege nicht, wie weit wir sind, denn ich will bis zu Ende kämpfen. Wir wissen schon seit langem, dass der Kampf als verloren gilt. Wir wollen nur das Beste für ihn. Er und wir haben so eine Angst vor einem nicht enden wollenden Ende.

„Ich will nicht das Risiko übernehmen, dass er mir kollabiert!" höre ich noch. Ich auch nicht, aber ich wünsche mir nur, dass sie irgendetwas für ihn machen. Das ist alles, was ich weiß. Steht „kollabieren" womöglich in der medizinischen Sprache für sterben? In dieser Stresssituation denke ich gar nicht daran. Wir sind schon so oft in kritische Situationen geraten und doch hat ihn die Zukunft immer wieder angelächelt.

Erst als der Arzt in Begleitung seines Fahrers ankommt, verstehe ich, dass er ohne unser Wissen angerufen wurde. Die Fachleute erkennen schon, was wir noch nicht ins Auge fassen können.

Elektrokardiogramm. Blutdruck 60. Puls 170. Alles wird dramatisch. Sie werden ihn retten. Es ging ihm doch so gut vor einer Woche, auch vor zwei Tagen. Das kann doch nicht so schnell gehen. Wir werden es schaffen. Normalerweise – oft – vielleicht – bleiben die Kranken doch mehrere Wochen oder Monate im Bett bis zu ihrem letzten Atemzug. Es ging ihm doch so gut. Ich kann es nicht fassen, auch weil wir gelernt haben, nicht an morgen zu denken. Wir hatten gelernt, Tag für Tag zu leben.

Eine Spritze. Eine Infusion. Es geht ihm besser. Er lässt alles geschehen. Er ist entspannt. Sein Bauch tut ihm weh. Sein Blutdruck ist wieder gestiegen, er hat seine Sauerstoffmaske, nicht die schlechte, sondern eine von der Art, die er schon kannte. Kleines Glück, schönes Lächeln auf seinem Gesicht. Er lacht so gerne. Ich höre ihn noch.

Nun ist er stabilisiert. Nun können sie mit ihm fahren. Wegen seiner zahlreichen Knochenmetastasen ist die Mannschaft beunruhigt und sucht die beste Lösung für den Transport bis zum Auto, um jede weitere Komplikation zu vermeiden. Das Risiko, ihn über das Treppenhaus zu befördern, ist zu groß. Plötzlich kommen zwei Feuerwehrmänner an, ich bin völlig überrascht, ich weiß von nichts. Ich kann nicht mehr folgen. Ich bitte sie herein. Inzwischen sind wir beeindruckende 10 Personen in Christophes Zimmer. Ich begreife endlich, dass die Feuerwehrmänner bestellt wurden, um Christophe mit herunter zu tragen. Anstatt ihn über die Treppe zu transportieren, überzeugen sie den Notarzt, die große Leiter zu nehmen, um ihn aus den ersten Stock hinaus zu befördern. Fünf Minuten später ist sie da. Noch einmal, um die Situation zu entspannen, fühle ich mich gezwungen zu „jonglieren". Ich will mich nicht der Verzweiflung hingeben. Ich will noch Positives in der Notsituation, in der wir drei uns befinden. Ich sage zu Christophe, dass sein Kindheitstraum sich nun verwirklichen wird: Er wird auf die große Leiter kommen. Er lächelt.

Eingepackt und angebunden in einer Schale, die sich beim Aufblasen verfestigt, wird Christophe auf eine Trage gelegt, die wiederum von dem Balkon aus auf der großen Leiter befestigt wird.

Wir glauben noch an das Leben. Sein Zustand ist besorgniserregend, aber ist er hoffnungslos? Ich verdränge die schwarzen Gedanken. Ich habe nicht die Zeit, um mir Gedanken zu machen. Alles geht zu schnell.

Sein Vater ist ruhig und konzentriert. Ich bin nicht besonders beunruhigt, aber sehr nervös. Ich will nur eins, ihn nicht verlassen. Ich fühle mich nicht in der Lage selber zu fahren. Alles geht so schnell, dass ich nicht mehr Herr der Lage bin, und wie Christophe kann ich es nur noch miterleben. Aus Sicherheitsgründen kann ich nicht bei ihm im Krankenwagen sein. Der Fahrer des Arztes nimmt mich mit zum Krankenhaus. Auf dem Weg entnehme ich aus unserem Gespräch einen positiven Eindruck. Der Zustand meines Sohnes sei nicht so schlecht, aber ohne Hilfe hätte er die folgende Nacht nicht überleben können. Er wusste nicht, dass er so Recht hatte.

Im Krankenhaus kommt Christophe doch nicht in „seine" Abteilung, wie geplant, sondern auf die Intensivstation. Die Ärztin, die diesen Fall kennt, will ihm ihre ganze Aufmerksamkeit widmen. Glücklicherweise kann ich mich ganz klein bei ihm machen. Einige Minuten später hängt er an sieben bis acht Flaschen, unterdessen bekommt er ein Beruhigungsmittel. Er verfolgt alles mit höchster Aufmerksamkeit, will wissen, was er alles erhält und wie hoch die Sauerstoffzufuhr eingestellt sei: „Zehn, es ist in Ordnung." Er fühlt sich geborgen.

Die Ärztin informiert mich: „Es sieht schlecht aus."

Es ist für mich nicht negativ. Für mich bedeutet es, dass er nicht mehr länger leiden braucht.

Ich spreche über „menschenwürdiges Leben bis zum Tod", sie spricht von „Ärztepflicht". Meine Mutterliebe lässt solche Pflicht nicht zu. „Er will ja nicht mehr, das hat er mir am Dienstag gesagt. Und vor allem soll er nicht noch einmal diesen so schwierigen Weg der letzten Nacht mitmachen. Wenn er gehen muss, lassen wir ihn gehen. Wir haben es nicht zu entscheiden."

Ich bin inzwischen sehr ruhig. Nur noch wir beide. Meine einzige Aufgabe ist es, ihn zu begleiten, dahin, wo sein Weg ihn hinführt.

Ich weiß es jetzt und zittere nicht mehr vor Angst. Alle meine Sinne sind aufs äußerste gespannt. Es wird jetzt vielleicht passieren und ich bin bei ihm, um ihm zu helfen, wie ich immer diese letzten Monate bei ihm sein konnte. Und wie immer habe ich mit Zurückhaltung jongliert, so dass er nicht in einen Angstzustand fällt. Ich darf mich nicht gehen lassen. Ich will für ihn da sein. Seine Erlösung ist nah. Wie es uns geht, spielt keine Rolle, nur er ist wichtig. Wir müssen ihn loslassen, wenn sein Schicksal es fordert.

Außerdem ist es vielleicht noch nicht zu Ende.

Ich ermutige ihn zu schlafen in der Hoffnung, dass das Beruhigungsmittel wirkt. Leider nicht. Er wird immer unruhiger, findet keine Position, setzt sich ohne jegliche Hilfe hin, lässt sich wieder fallen, dreht sich in alle Richtungen, bittet mich ununterbrochen die Position der Kissen oder Matratzen zu ändern und seufzt: „Ich kann nicht mehr." Unvorstellbar, dass er ein paar Stunden zuvor kaum die Kraft fand, sich zu bewegen. Er ringt.

Eine Krankenschwester macht ihm eine Spritze. „Was ist das?" „Eine Beruhigung", antworte ich harmlos. Er will Herr über die Lage sein, wie er es immer gewollt hat. Er kontrolliert weiterhin alles, die Informationen des Bildschirmes, den Lauf der Infusionen und bittet um die Entfernung der leeren Flaschen. Er ist aber erschöpft.

Ich denke an seinen Vater und seine Schwester, die die Möglichkeit haben sollten, zu kommen. Ich will Christophe aber nicht allein lassen, auch nicht für die sehr kurze Zeit eines Anrufes. Dennoch haben sie ein Anrecht auf Information.

In meinem Kopf spiele ich mir das Szenario des Telefonierens vor. Ich will ihn aber nicht verlassen, wenn auch nur für ein Telefongespräch. Ich versuche mich zu überzeugen, dass sein Zustand noch nicht so besorgniserregend ist. Habe ich Befürchtungen, das Schicksal herauszufordern, wenn ich es ausspreche? Es wäre mir lieber seinem Vater und seiner Schwester die Situation nicht mitteilen zu müssen. Trotzdem weiß ich, dass das Beste für ihn ist, dass alles aufhört. Anrufen, jetzt oder später? Nach zehn Minuten entscheide ich mich. Ich teile Christophe mit, dass ich seinen Vater und seine Schwester anrufen möchte. „Vielleicht wollen sie doch kommen. Auf jeden Fall möchten sie bestimmt wissen, wie es Dir geht."

Wir wissen noch nicht, wohin dieser Weg uns hinführt, aber bevor wir das Endgültige erreichen, ist es doch besser zusammen zu sein.

Meine Unschlüssigkeit verwirrt ihn. Als ich endlich mit dem Handy in der Hand hinausgehe, ruft er mir nach: „Aber draußen!". Er weiß, dass ein Handy innerhalb eines Krankenhauses nicht benutzt werden darf. Er hat oft genug selber gegen diese Regel verstoßen, aber noch nie von einer Intensivstation aus. Die Krankenschwester lässt mich vom Festnetz aus anrufen.

Es gibt jetzt keinen Druck mehr. Ich habe diesen Anruf erledigt. Wir sind beide zusammen. Ich habe den Eindruck, dass Christophe ruhiger wird. „Versuch mal zu schlafen." Er will trinken. Etwas Süßes. Die fürsorgliche Ärztin findet eine Auswahl an Obstsäften. Er nimmt sich eine Flasche und fragt nach einem Öffner. Er kann aber nur an dem Getränk nippen, ohne wirklich trinken zu können. Seine Zunge ist geschwollen. Ich verstehe nicht mehr, was er sagt. Sein Vater und seine Schwester kommen endlich. Ich bin nicht mehr allein.

Es ist drei Uhr nachmittags. Seine Schwester leidet schon zu sehr. Sie kann nicht, sie wagt nicht ins Zimmer einzutreten. Weiß sie es schon? Ich gehe zu ihr. Meine zwei Kinder sind in Not. Ihr Vater ist immer da gewesen, um mich zu unterstützen. Noch einmal teilen wir uns die Aufgabe, um unsere beiden Kinder zu begleiten.

Ich lasse meine beiden Männer alleine. Unter dem Vorwand einen Kaffee trinken zu wollen, gehe ich mit meiner Tochter in die Cafeteria in den Keller. Einige Minuten später holt uns mein Mann, denn die Ärztin hat gesagt: „Es sieht nicht gut aus. Wir haben schon alles aufgefüllt. Es geht dem Ende entgegen." Wahrlich. Ich hatte mehrmals festgestellt, dass der Blutdruck wieder anstieg und dann wieder abfiel.

Es ist also das Ende. Keiner von uns ist bei ihm. Wie lang sind diese Flure von der Cafeteria bis hin zu seinem Zimmer! Wie langsam ist dieser Aufzug! Das sind die längsten Sekunden meines Lebens. Er ist allein. Ich, die doch ständig an seiner Seite war, hatte mir die Zeit genommen, in diesem wichtigsten Moment mein zweites Kind zu trösten. Und wenn wir nicht rechtzeitig ankommen? Was wird nun passieren? Ich habe Angst. Eine panische Angst. Ein Blick auf Franz, auf Nathalie. Wir sind bestürzt. Christophe geht. Es ist das Ende. Keine Hoffnung mehr. Absolut nichts mehr.

Wir finden keine Worte. Wie Schlafwandler fahren wir hinauf in den vierten Stock.

Wir gehen vorwärts, wir wollen bei ihm sein, ihn begleiten. Was wir auch denken, ist unwichtig, er ist der Mittelpunkt unserer Gedanken. Im Flur weinen wir. In seinem Zimmer sind wir nur noch für ihn da. Wir wahren den Schein …

Wir treten in dieses zu enge Zimmer ein, in dem wir nicht zu viert zusammenbleiben können. Alles ist aufgeräumt worden. Es gibt keine Infusionsröhren mehr. Die Bildschirme sind schwarz, es ist schon lange her, dass die Piepser des Computers abgestellt wurden.

Seine Schwester geht an seine linke Seite und nimmt seine linke Hand.

Ich bin an seine rechte Seite und halte seine rechte Hand.

Wir lächeln beide, wir lieben ihn, wir wollen ihm nicht unsere Verzweiflung zeigen. Wir jonglieren. Wir wanken auf diesem hauchdünnen Seil zwischen Glück und Unglück. Glück, dass er noch bei uns ist, Unglück ... Ist es gut? Ist es das, was er will? Wir wissen es nicht. Wir geben das Beste, was in uns steckt, was wir für das Richtige halten. Er mochte keine Gefühlsausbrüche. Er sollte nur einschlafen, aber uns nicht verlassen.

Jetzt ist er ruhiger, aber bereits nicht mehr ganz bei Sinnen und auch verwirrt. Er versucht den Bildschirm zu sehen, aber außer dem Puls zeigt er nichts mehr an. Das alles ist nicht mehr so wichtig und er besteht nicht darauf. Ich weiß nicht, wie weit wir sind, aber wir sehen seine vergrößerten Pupillen und verstehen seine vielen unklaren Worte nicht mehr. Er versteht uns aber.

Seine Schwester fragt ihn: „Versteht Du uns?" und mit seinem so gekonnten Halblächeln, das wir von ihm so gut kennen, gibt sein „Hä, Hä" Zustimmung. Zusammen lachen wir.

Wir verlieren keinen Gedanken an das, was passieren wird, doch haben wir gelernt, ohne Zukunft zu leben.

Ich erinnere mich noch so gut an seine zwei bedeutungsstarken Gesten, als wir seine Worte nicht mehr verstehen können:

Seine zwei Hände, die unsere vier zusammenziehen. Unsere sechs Hände zusammen. Wir lächeln und sprechen für ihn: „Wir werden füreinander da sein, die eine für die andere." Seine zwei Hände, die er schon nicht mehr meistern kann. Kreislaufinsuffizienz? Sie sind schon so weiß und steif. Sie sind so ungeschickt. Und trotzdem hat er uns seine Botschaft klargemacht: „wir sollen seinen Abschied akzeptieren."

Sein zweite Geste. Sein Dankeschön. Er nimmt meinen Kopf in seine steifen Hände und bewegt ihn hin und her und greift nach meinen Ohren. Nathalie übersetzt seine Geste: „Du sollst die Ohren steif halten." Er bestätigt es.

Wir nutzen diese Momente mit ihm bis zur Neige aus. Mit ihm so etwas zu erleben, ist herzergreifend. Wir fühlen keine Trauer, kein Leid, denn wir sind bei ihm. Er ist bei uns. Wir sind zusammen. Es ist unglaublich, aber es sind keine traurigen Momente. Diese werden nach seinem Abschied kommen. Er ist aber noch am Leben ...

Er ist noch sehr aktiv, trotz seiner geringen Wahrnehmung. Er versucht alles anzufassen, was es um ihn herum gibt. Wir haben ihm ganz einfach erklärt, dass er an keine Maschine mehr angeschlossen sei, dass es gar keine Infusion mehr gäbe, dass es gar nichts mehr gäbe. Ist es nicht das, was er sich ein paar Tage zuvor gewünscht hat?

Er entspannt sich. Er hat uns alles gegeben, was er uns mit auf den Weg geben wollte. Nun kann er gehen. Es ist sein Schicksal. Ich hatte schon so oft gelernt, ihn loszulassen, dass ich ihn jetzt nicht halten würde. Die letzten Zahlen des Bildschirmes steigen unerbittlich herab. 4 – 3 – 2 – 1 – sein Kopf hat sich zur Seite geneigt. Er wird immer 27 Jahre alt sein.

Christophe ist nicht mehr.

Wir kennen nun alle Stationen des Zuges.

Une lumière s'est éteinte.

Abschiedsworte seiner Kollegen

Stufen (Hermann Hesse)

Wie jede Blüte welkt und jede Jugend
Dem Alter weicht, blüht jede Lebensstufe,
Blüht jede Weisheit auch und jede Tugend
Zu ihrer Zeit und darf nicht ewig dauern.
Es muss das Herz bei jedem Lebensrufe
Bereit zum Abschied sein und Neubeginne,
Um sich in Tapferkeit und ohne Trauern
In andre, neue Bindungen zu geben.
Und jedem Anfang wohnt ein Zauber inne,
Der uns beschützt und der uns hilft, zu leben.
Wir sollen heiter Raum um Raum durchschreiten,
An keinem wie an einer Heimat hängen,
Der Weltgeist will nicht fesseln uns und engen,
Er will uns Stuf' um Stufe heben, weiten.
Kaum sind wir heimisch einem Lebenskreise
Und traulich eingewohnt, so droht Erschlaffen,
Nur wer bereit zu Aufbruch ist und Reise,
Mag lähmender Gewöhnung sich entraffen.
Es wird vielleicht auch noch die Todesstunde
Uns neuen Räumen jung entgegen senden,
Des Lebens Ruf an uns wird niemals enden...
Wohlan denn, Herz, nimm Abschied und gesunde!

Dank an Christophes „liebsten Kunden", der durch seinen ausdrucksvollen Vortrag dieses Gedichts unsere Herzen erreicht hat.

Abschiedsworte seiner Freunde

↬ Jan

Lieber Christophe,

Wie fängt man an, was sagt man? Das, was man fühlt? Eine ganz große Leere, Sprachlosigkeit, Angst. Angst, nicht die richtigen Worte zu finden, Angst, etwas Falsches zu sagen. Gibt es in so einer Situation überhaupt richtige und falsche Worte? Wir denken nicht, wir denken, man soll genau das sagen, was man empfindet. Du hinterlässt eine tiefe Lücke, die niemals geschlossen werden kann.

Wenn du uns jetzt über die Schulter schaust, dann geht es dir mit Sicherheit dort, wo du jetzt bist, besser als in den letzten Monaten. Das zumindest hoffen wir, bzw. das bleibt dir von ganzem Herzen zu wünschen. Es tut einfach weh, und keiner begreift wohl, dass wir Dich loslassen müssen. Es hilft zwar nicht wirklich, aber es ist zumindest ein kleiner Trost, dass wir wissen, dass es das war, was du Dir in den letzten Tagen und Wochen so sehr gewünscht hast. Trotzdem ist alles leer und die letzten Tage haben wir wohl alle einfach nur funktioniert.

Wir haben in den letzten Tagen so viel über Dich gesprochen und unheimlich viel gelacht, weil wir der Überzeugung sind, dass Du es Dir nicht anders gewünscht hättest. Weil man mit Dir auch so unendlich viel lachen konnte und weil du Deinen „Galgenhumor" in bemerkenswerter Weise bis zum Schluss nicht verloren hast.

↬ Susanne

Du hast in letzter Zeit davon gesprochen, dass Dir die Kraft fehlt, um „weiterzumachen". Vielleicht war es nun endlich die von Dir gewünschte Erlösung oder Erleichterung. Nenn es wie Du möchtest, ich glaube ganz fest daran und habe Dir auch mal erklärt, als wir über den Tod oder das Ende sprachen, dass in jedem von uns ein Teil von Dir weiterlebt und dass Du in unseren Herzen unvergessen bleibst.

Erinnere dich an unseren Ausflug im April 2003 mit der vollständigen Sippe KOSUS auf die „Zeil" zur Pommes / Eis / Würstchen Session. Du warst noch zu schwach, um zu laufen und wir haben Dich im Rollstuhl über die „Zeil" geschoben. Als Du einen offensichtlich behinderten Leidensgenossen trafst, mussten wir Dich neben ihn platzieren und Du botest uns eine kleine Darstellung der besonderen Art. Wir baten Dich mit dem Hinweis, dass Du nicht behindert bist, sondern an Krebs leidest, doch bitte Deine Vorstellung zu beenden. Diese Situation bleibt bis heute unvergessen und wir lachen heute genauso darüber, wie damals mit Dir.

Und mit Sicherheit erinnerst Du Dich auch noch an Deinen siebenundzwanzigsten Geburtstag. Wir wollten Dir etwas ganz besonderes schenken. Es bleibt zwar unausgesprochen, aber dennoch dachten wir sicherlich alle dasselbe. Wir wollten Dir einen unvergesslichen Tag bereiten, scheuchten Dich morgens um sechs Uhr aus dem Bett und fuhren nach Burgholzhausen zum Helikopter Flugplatz. Wir flogen der aufgehenden Sonne entgegen, durch die Hochhäuser Frankfurts über den Taunus und den Schäferborn und hoffen, Dir damit viel Freude gemacht zu haben.

↶ Clodl

Und mit Sicherheit erinnerst Du Dich noch an den Anfang unserer Sippe KOSUS. Wir haben in den letzten Tagen viel darüber gelacht und geschmunzelt. Ich glaube, wir haben uns immer freitags im Heim zur Gruppenstunde getroffen, wenn man das überhaupt so nennen kann, weil wir wirklich nur Stunden im

Flur gesessen haben, Du und Jan haben einen Spruch nach dem anderen gerissen. Es war manchmal kaum zum Aushalten und ich habe mich mehrmals gefragt: Warum tue ich mir das überhaupt an? Ich wusste es natürlich schon damals und jetzt noch viel mehr: Wir sind einfach stark miteinander verbunden. Leider ist ja nie was aus unserer gemeinsamen Fahrt geworden, wobei Du Dich sicherlich noch an unser gemeinsames Wochenende in den Steinbrüchen erinnern kannst. Mal wieder zwei Tage, an denen wir fast nur gelacht haben und den Zusammenhalt unseres vierer Teams in eindrucksvoller Weise demonstriert haben, in dem wir entgegen allen anderen nicht in der Jurte geschlafen haben, sondern unglaublich mutig waren und uns abseits, ohne Zelt in den Wald gelegt haben. Was dann in dieser Nacht passierte, weißt du ja noch …

Und mit Sicherheit erinnerst Du Dich noch an unseren gemeinsamen Abend im „4004" in München im letzten Jahr. Dieser Abend hat sich uns allen ins Gedächtnis gebrannt, weil es einer der Momente war, in denen wir alle, auch Du, vergessen konnten, dass Du so krank bist und wir solche Nächte vielleicht nicht mehr erleben werden. Du warst so unglaublich gelöst und entspannt und wir haben bis morgens gefeiert, getrunken und getanzt. Die Fotos sprechen Bände. Vor allem warst Du derjenige, der nicht müde wurde. Du wolltest immer weiterziehen. Du hattest bis zum Schluss eine nicht enden wollende Energie. Ich glaube, diese Zeit hat uns alle noch mehr verbunden als ohnehin schon und es hat eine unglaubliche Nähe zwischen uns geschaffen, die immer fortwirken wird.

Du kannst zwar jetzt nicht mehr in unserer Mitte sein, wirst aber bestimmt immer lächelnd auf uns hinunterschauen, Dir Deinen Teil denken und auch weiterhin mit jedem von uns Dein „Hühnchen" rupfen.

Jan

Mein Lieber Christophe,

Für mich warst du der beste und längste Freund, den ich je hatte. Was wir gemeinsam erlebt haben ist einzigartig und ich danke Dir für all die wundervollen Jahre. In den letzten Tagen habe ich erfahren, dass bereits unsere Kindergärtnerin Warnungen vor uns beiden an die Grundschule weitergab. Unvergessen bleiben mir unsere Chaosaktionen bis zur vierten Klasse, mit denen wir nicht nur Frau Jouault, sondern speziell unsere geliebte Kunstlehrerin Frau Schmied in den Wahnsinn getrieben haben. Der Versuch von Jenny und Heidi, unseren Müttern, unserem Treiben ein Ende zu bereiten, in dem sie uns auf getrennte Mittelstufen schickten, endete, wie Du weißt, kläglich.

Unsere Standleitung Römerstr – Kornblumenweg wurde nie unterbrochen. Gerne erinnere ich mich an unsere erste gemeinsame Sippenfahrt mit den Pfadis nach Bacharach. Auch der bereits erwähnte Abend in den Steinbrüchen mit Susanne und Clodl ist mir in bester Erinnerung. Dann irgendwann – ich glaube, Du warst vierzehn oder fünfzehn – ging es für Dich nach Japan. Ich weiß noch genau, wie wir an unseren Geburtstagen immer telefonierten. Die Leitung war etwa zwei Sekunden verzögert und ein vernünftiges Gespräch war kaum zu führen. Deine Zeit in Asien hat Dich sehr geprägt, verändert hattest Du Dich aber nicht. Ein paar Zentimeter größer warst Du, aber immer noch der Alte.

Unvergessen bleibt mir auch Deine Liebe zur Technik. Ich habe Deinen Blick noch genau vor Augen. Mit einem Strahlen im Gesicht hast Du von Mantelstromsperrfiltern oder Linuxapplikationen gefachsimpelt und Dich göttlich darüber amüsiert, dass ich kein Wort verstanden habe. Als ich das erste Mal in Deiner neuen Wohnung in Bad Homburg Dich besuchte, dachte ich erst, ich stehe in einem Elektrofachmarkt. Monitorboxen in Bad und Schlafzimmer, überall Rechner und eine Spiegelkugel in der Dusche – wer hat das schon!? Am Wochenende hast Du das Licht in der Elisabethenstrasse aus und in der Galerie Frankfurt wieder angemacht. Bis auf unseren gemeinsamen Abend nach Heilig Abend 2002 sind wir eigentlich nie gegangen bevor nicht Mezzoforte „Garden Party" lief.

In den letzten anderthalb Jahren hast Du mich Tag für Tag aufs Neue überrascht. Nicht nur ich, viele Deiner Freunde hatten nicht mehr daran geglaubt, gemeinsam mit Dir noch einen so intensiven Sommer verbringen zu dürfen. Unvergessen unsere zahlreiche Unternehmungen und Ausflüge. Erinnerst Du Dich noch? Du – ja Du warst auf einem Bayernspiel im Münchner Olympiastadion!! Es folgten zahllose Trips nach Würzburg, Wiesbaden oder Mainz. Tapfer hast Du gekämpft – bis zum Ende...

✎ David

Christophe,

Du bist und bleibst ein ganz besonderer Freund für mich. Wir beide haben uns immer auf eine ganz eigene Art verstanden.

Unser Kontakt war am Anfang, obwohl wir Klassenkameraden waren, eher locker. Doch im Laufe der Jahre habe ich Dich kennen und schätzen gelernt und wir haben unsere Freundschaft immer weiter ausgebaut. Trotz Deines mehrjährigen Aufenthalts in Japan haben wir uns nach Deiner Rückkehr nach Deutschland gleich wieder so verstanden als ob Du nur ein Wochenende weg gewesen wärst. Die stundenlangen Telefonate und Fachsimpeleien über Technik und das Diskutieren banalster Sachverhalte wurden bei uns schon fast zum allabendlichen Ritual. Ich habe an Dir immer Deine ehrliche und direkte Art geschätzt. Um nur mal ein Beispiel zu nennen wie Du zu mir und auch zu anderen Menschen warst, möchte ich eine kurze Geschichte erzählen. Es war eine dieser Weihnachtsfeiern, bei denen alle zu viel getrunken hatten. Ich hatte einen Streit mit Jacky und bin nach einer mittleren Odyssee und kleineren Differenzen mit einem Taxifahrer auf dem Rückweg von Frankfurt nach Bad Homburg zu Fuß auf der Autobahn unterwegs gewesen. Als Du davon hörtest, hast Du Dich trotz Deines auch nicht mehr ganz nüchternen Zustandes ins Auto gesetzt, um mich von der Autobahn zu holen. Doch wie es kommen musste, wurdest Du von der Polizei angehalten und hast so Deinen Führerschein für ein Jahr verloren. Ich habe jedoch nie von Dir ein Wort der Schuldzuweisung, oder dass Du es bedauert hättest, dieses getan zu haben gehört. So warst Du eben. Mann konnte in jeder Lebenslage auf Dich zählen und ich wusste, wenn man Dich als Freund hat, bist Du immer für einen da. Auch Deine Art zu leben war etwas ganz Besonderes. Du bist nach einer langen Arbeitswoche nach Hause gekommen, jedoch nicht um wie andere den Feierabend zu Hause zu genießen. Nein, Du bist nach einer kurzen Pause sofort wieder losgefahren und hast bis in den frühen Morgen als Light-Jockey weitergearbeitet, wobei arbeiten wohl das falsche Wort ist, für Dich war es eher ein Hobby und hat Dir Spaß gemacht. Im Laufe der Jahre haben wir sehr viele schöne Dinge zusammen erlebt und waren immer füreinander da. Ich denke ich konnte viel von Dir lernen. Jetzt bist Du, nach einer Zeit, in der Du tapfer nach Deinem Motto „Nie aufgeben und immer weiter kämpfen" weit über Deine Grenzen hinaus gewachsen, nicht da.

Ich vermisse Dich!

Jacky

Christophe,

nach all diesen Ereignissen, die die verschiedensten Situationen ins Leben gerufen haben, sei Dir nun versichert:

Jan versucht in Zukunft pünktlich zu sein.

David nimmt sich vor, dass er seine Trägheit überwindet und die Abende nicht nur auf der Couch oder im „M20“ verbringen wird.

Clodl wird nie wieder nur die roten Gummibärchen bei Fremden aus der Tüte fischen.

Susanne weiß jetzt, dass es in Frankfurt doch Museen gibt, dass auf dem Main auch Schiffe fahren und in Friedberg eine Burg steht.

Und ich werde die Strecke nach Frankfurt über die Käffer fahren, auch wenn es über die Autobahn doch schneller geht.

Nun bist Du nicht mehr da, was bleibt sind die unzähligen Erinnerungen, Dein Lachen, Deine konstruktive Kritik, Deine unbändige Energie, Deine schonungslose Offenheit, Deine Selbstlosigkeit und Deine Verlässlichkeit ...

Wir sind heute in Gedanken bei Dir, aber insbesondere auch bei Deinen Eltern und Deiner Schwester, die so Unglaubliches geleistet haben.

Wir danken Dir für Deine Freundschaft, sie ist von unschätzbarem Wert.

Durch sie konnten wir lernen: Wie wichtig echte Freunde sind und dass sich manch alltägliche Dinge schnell relativieren.

Du kannst sicher sein, dass wir unsere gemeinsamen Traditionen weiterleben!

Letztendlich bleibt aber doch immer nur die Frage nach dem – WARUM?

Auf der Beerdigung haben seine Freunde nach diesen Worten das Lied „Waiting for the night to fall" von Christophes Lieblingsband *Depeche Mode* gespielt.

Epilog

Nun ist er nicht mehr da.

Wie er es wollte. Ganz einfach. Schnell. Ohne seine Autonomie verlieren zu müssen.

Auch wenn es ihm sehr schwer fiel, hat er sich gezwungen jeden Tag etwas zu unternehmen, um ein Leben zu führen, das noch die Mühe Wert sein sollte.

Jeder Tag hatte sein Ziel. Diszipliniert stand er auf, bereitete sich vor, auch wenn es nur darauf ankam, vom Bett zum Sessel zu gehen. Oft, zu oft sogar, war es, um zum Arzt zu gehen. Er wählte dann jeweils eine andere Strecke zum Arzt oder ging Kaffee trinken oder organisierte einen Termin mit einem seiner zahlreichen Kontakte: Auf diese Weise bekam der Arztbesuch, am Anfang des Nachmittags, beziehungsweise am Anfang des Tages, wenn die Behandlung länger dauern sollte, eine nebensächliche Rolle. Er hatte andere Projekt, nicht die Krankheit. Und wenn der Tag frei von jeglicher Verpflichtung war, genoss er den Spaß, ein neues, kleines, schwarzes Auto zu besitzen und eroberte damit die Welt. Es war ein schöner Sommer.

So nah bei ihm gewesen zu sein, ist das schönste Geschenk.

Danksagung

Mein tief empfundener, herzlicher Dank gilt Frau Petra König aus Berlin. Mit Ihrer tatkräftigen Unterstützung erhielten wir wichtige Informationen über die Krankheit, Kontakte zu Ärzten, Kliniken und Angehörigen von Patienten, die Ähnliches durchlebt haben. Frau König wirbt unermüdlich für die Selbsthilfe. Ich lasse Sie am besten selber sprechen:

Liebe Leserin, Lieber Leser,

bitte lassen Sie mich zunächst der Familie Jansen danken.

Am Ende dieser Lektüre angekommen, drängt sich uns ein Mehrfaches „Warum" auf. Das eine „Warum" zu beantworten, liegt nicht in unserer Macht. Aber „Warum" geben Sie uns, liebe Familie Jansen, Ihre persönlichen, innigen Gedanken, Ihre Furcht, Verzweiflung, Liebe, Glaube und Hoffnung und ... in diesem Buch so deutlich zu lesen?

Dieses Buch ist eine Botschaft an alle und eine Bitte um „Aufmerksamkeit" an niedergelassene Mediziner, an die Forschung, die Diagnostik, die Krankenkassen und die Öffentlichkeit.

Noch immer müssen die Betroffenen weite Wege gehen bevor sie an die Diagnose und die entsprechende Behandlung gelangen. Der neuroendokrine Tumor (NeT), auch Karzinoid (Carcinoid engl.) genannt, eine noch als selten anzusehende Tumorart, bei der in den letzten Jahren durch immer besser werdende Diagnostik, eine beständig anwachsende Zahl von Betroffenen zu vermerken ist, wird häufig sehr spät erkannt.

Als selbst von NeT betroffen, bin ich seit 1999 im Sinne der Selbsthilfe tätig. Damit die Forschung über Krankheitsursache, Diagnose und Therapie tatkräftig unterstützt wird, wurde im Sinne der Selbsthilfe am 09.03.2006 die Carcinoid call-point gGmbH gegründet. Als gemeinnützige Organisation unter Mitwirkung von NeT Erkrankten und Ihren Angehörigen arbeitet die Carcinoid call-point gGmbH im Interesse der Betroffenen.

Nun bedanke ich mich bei allen Beteiligten, die es ermöglichten „Guten Tag und … Tschüss" der Öffentlichkeit zugänglich zu machen und wünsche mir „Aufmerksamkeit".

Bitte helfen Sie uns zu helfen!
Herzlichen Dank

Petra König
Geschäftsführerin
Carcinoid call-point gGmbH

CARCINOID
C A L L · P O I N T
Gemeinnützige GmbH

Schluchseestr. 49 · 13469 Berlin
Fon +49-(0)30 - 402 1323
info@carcinoid-call-point.de
www.carcinoid-call-point.de
Handelsregister B 100872 B

Carcinoid call-point gGmbH
Berliner Volksbank
BLZ: 100 900 00
Konto-Nr.: 73 677 82 000

Danksagung

Schon bevor ich die ersten Zeilen dieses Buches schrieb, wusste ich, dass ich dem Verein „Hilfe für krebskranke Kinder Frankfurt e.V." besonderen Dank und Anerkennung schulde. Der Verein und seine Mitarbeiter haben nicht nur meinen Sohn Christophe durch den Aufbau persönlicher Beziehungen unterstützt und gestärkt, sondern auch zu seinem Wohle bei Ärzten, Psychologen und Pflegepersonal vermittelt oder interveniert. Auch wir als Angehörige waren einbezogen und hätten ohne ihre Unterstützung unseren Sohn nicht in dem gleichen Maße stützen können. Die Mitarbeiter des Vereins arbeiten oft in scheinbar auswegloser Situation, sind aber aus Sicht aller Betroffenen effektiv, erfolgreich und notwendig. Ihnen gebührt meine Hochachtung und tiefer Dank.

In meinem Sinne wird mit jedem verkauften Buch der Verein finanziell unterstützt.

HILFE FÜR KREBSKRANKE KINDER FRANKFURT E.V.

Der Verein „Hilfe für krebskranke Kinder Frankfurt e.V." ist eine gemeinnützige mildtätige Selbsthilfeorganisation, die 1983 von betroffenen Eltern gegründet wurde. Seit dieser Zeit bietet er den krebskranken Kindern und Jugendlichen, von denen jährlich über 100 neu in der Universitäts- Kinderkrebsklinik Frankfurt unter Professor Dr. Thomas Klingebiel behandelt werden, sowie deren Familien psychosoziale und finanzielle Hilfen während der Intensiv- und der Erhaltungstherapie wie auch in der Zeit der Nachsorge an. Darüber hinaus fördert der Verein die Kinderkrebsklinik im Bereich der klinischen Versorgung, in dem er z.B. zusätzliche Ärzte, Schwestern und Erzieherinnen finanziert, um die gravierenden Defizite auszugleichen und dem per-manenten Stellenabbau entgegenzuwirken.

Das kliniknahe Familienzentrum versteht sich als Austausch- und Begegnungsstätte für betroffene Familien mit Gesprächskreisen, medizinischen Vorträgen, Informationsveranstaltungen und Übernachtungsmöglichkeiten. Das vielseitige Hilfsangebot umfasst u.a. Familienberatung, Geschwisterkindbetreuung, psychologische Begleitung sowie soziale Beratung für alle Familienmitglieder.

Der Verein „Hilfe Für Krebskranke Kinder Frankfurt e.V." erhält keine staatliche Unterstützung und ist ausschließlich auf Spenden aus der Bevölkerung angewiesen.

Helga von Haselberg (Vorsitzende)

HILFE FÜR KREBSKRANKE KINDER FRANKFURT E.V.
Komturstraße 3, 60528 Frankfurt
www.kinderkrebs-frankfurt.de

FRANKFURTER SPARKASSE
Kto.-Nr. 620 050, BLZ 500 502 01

REIHE Perspektiven Schriften zur Pluralität in der Medizin

Hrsg.: Prof. Dr. med. Peter F. Matthiessen

Rainer Burkhardt
Neuorientierung des Gesundheitswesens
Skizzen eines assoziativen Konzepts
ISBN 3-88864-320-1 · 2001 · 110 S. · 12.50 €

Rainer Burkhardt
Neuorientierung des Gesundheitswesens II
Konkretisierungen
ISBN 3-88864-398-8 · 2005 · 240 S. · 17,80 €

Thomas Ostermann (Hrsg.)
Einzelfallforschung in der Medizin,
Bedeutung, Möglichkeiten, Grenzen
Medizintheoretisches Symposium
ISBN 3-88864-350-3 · 2002 · 198 S. · 14,80 €

Th. Ostermann & P. F. Matthiessen (Hrsg.)
Naturheilkunde in der stationären
Akutversorgung – Evaluation des
Blankensteiner Modells
ISBN 3-88864-385-6 · 2005 · 216 S. · 24,80 €

Uwe Herrmann & Peter F. Matthiessen (Hrsg.)
Paradigmen in der Onkologie – und ihre
Bedeutung in Forschung und Praxis
ISBN 3-88864-344-9 · 2002 · 158 S. · 14,80 €

Peter F. Matthiessen (Hrsg.)
Krebskranke
Therapiefindung und Lebensbegleitung
Celler Gespräche – Heilen im Dialog
ISBN 3-88864-363-5 · 2003 · 159 S. · 14,80 €

Gerald Ulrich (Hrsg.)
Medizin zwischen exakter Naturwissen-
schaft und humaner Verpflichtung
Ein interdisziplinäres Symposion
ISBN 3-88864-381-3 · 2003 · 72 S. · 12,00 €

Peter F. Matthiessen & Dagmar Wohler (Hrsg.)
Die schöpferische Dimension der Kunst
in der Therapie
Ein interdiziplinäres Symposium
ISBN 3-88864-410-0 · 2006 · 130 S. ·
45 Farbbilder · 19,80 €

Dominique Hertzer
Das Leuchten des Geistes und die Erkenntnis
der Seele
Die medizinische Vorstellung vom Seelischen
als Ausdruck philosophischen Denkens –
China und das Abendland
ISBN 3-88864-412-7 · 2006 · 442 S. · 34,80 €

Jost Langhorst/Gabriele Voigt
Praxis- und Patientenorientierte Mediziner-
ausbildung – Patientenkontakt von Anfang an
Theoretische Begründung und Auswertung
praktischer Erfahrungen
ISBN 978-3-88864-420-7 · 2006 · 299 S. · 19,80 €

Gudrun Bornhöft , Peter F. Matthiessen (Hrsg.)
Homöopathie in der Krankenversorgung –
Wirksamkeit, Nutzen, Sicherheit und
Wirtschaftlichkeit
ISBN 978-3-88864-419-1 · 2006 · 343 S. · 24,80 €

Arndt Büssing, Thomas Ostermann, Michaela
Glöckler, Peter F. Matthiessen (Hrsg.)
Spiritualität, Krankheit und Heilung –
Bedeutung und Ausdrucksformen der
Spiritiualität in der Medizin
ISBN 978-3-88864-421-4 · 2006 · 245 S. · 16,80 €

Hans-Jürgen Scheurle
Hirnfunktion und Willensfreiheit
ISBN 978-3-88864-435-1 · 2006 · 126 S. · 14,80 €

Verlag für Akademische Schriften • Wielandstraße 10 • 60318 Frankfurt am Main
Telefon (069) 77 93 66 • Fax (069) 7 07 39 67 • E-Mail: info@vas-verlag.de •
Internet: www.vas-verlag.de

Vera Stein

DIAGNOSE „unzurechnungsfähig"

ISBN 3-88864-408-9 • 276 S. • 2006 • 14,80 €

Im Juni 2005 verurteilten Europas Richter die Bundesrepublik Deutschland wegen groben Menschenrechtsverletzungen zu Schmerzensgeld und Übernahme der Gerichtskosten.

Vera Stein schildert authentisch und hautnah die Abläufe in ihren Prozessen. Sie gibt juristische Tipps und kommt zu der Schlussfolgerung: „Eindeutiger, kann das Unrecht in Arzthaftungsprozessen wohl kaum einer beweisen". Vera Stein deckt Hintergründe auf und schlägt Lösungen für dringend notwendige Reformen vor – im Interesse von Patienten, aber auch von Medizinern und Richtern. Es ist wichtig aus dem Fall zu lernen, denn jeder kann Opfer eines ärztlichen Behandlungsfehlers werden. Gegen die Mängel im deutschen Rechtssystem, konnte der Europäische Gerichtshof nichts tun, denn das obliegt der nationalen Gesetzgebung. Hier besteht ein dringender Handlungsbedarf!

Vera Stein wurde 1958 geboren. Im Alter von drei Jahren erkrankte sie an Kinderlähmung. Mit fünfzehn Jahren kam sie erstmals in die Psychiatrie. Sie wehrte sich gegen Zwang und Gewalt, doch die Rechtmäßigkeit wurde nie überprüft. Eine Mitpatientin nahm sie schließlich in ihre Familie auf. Trotz dem Stigma „geisteskrank", kämpfte Vera Stein für ein selbständiges Leben und absolvierte eine Ausbildung zur Technischen Zeichnerin. Den anhaltenden Gesundheitseinschränkungen folgten weitere Fehlbehandlungen. Dann stellten Gutachter fest, dass Vera Stein nie an einer Psychose gelitten hatte. Sie erfuhr nun endlich die Wahrheit und auch den Grund für ihr Leiden.

Verlag für Akademische Schriften • Wielandstraße 10 • 60318 Frankfurt am Main
Telefon (069) 77 93 66 • Fax (069) 70 73 967 • E-Mail: info@vas-verlag.de •
Internet: www.vas-verlag.de